聖徳太子

―ほんとうの姿を求めて

東野治之

ュニア新書 850

はじめに――この本を読む人へ

古代の歴史を彩った人物と言えば、みなさんは誰の名を思い浮かべますか。歴史は時代をさかのぼるほど、わからないことが多くなるので、古い時代の人物にはなじみが少ないかもしれませんが、聖徳太子《しょうとくたいし》は、卑弥呼《ひみこ》とならんで、誰しも思い当たる人物ではないでしょうか。学校の教科書にも必ず登場し、日本の古代国家の基礎作りをした政治家であり、また仏教を深く修《おさ》めた文化人でもあったとされる人です。もしかすると漫画で見た、あるいはテレビドラマのＤＶＤで、という人もいるでしょう。その聖徳太子は、ほんとうはどういう人だったのでしょうか。その問いに応《こた》えようというのがこの本です。

しかし伝記を書くというのはどの時代の人物であっても、たやすいことではありません。たとえ材料がたくさんあったとしても、それで難しさが消えるわけでもないでしょう。それはちょうど実際の人間関係で、相手の人柄まで理解するのが簡単でないのと同じです。

またよく経験することですが、人物を描くのに都合のいい材料がうまく残るとも限りません。ある大新聞に「私の履歴書《りれきしょ》」という欄があり、有名人が自分の生涯を振り返る連載で人気がありますが、これは本人が書いた伝記ですから、これほど頼りになるものはないはずです。しかしそれを読んでも、本人に都合が悪いからでしょうか、肝心なことがほんの少ししかふれてなかったり、まったく素通りしてあったりすることが珍しくないように思います。たとえば後世《こうせい》、伝記をまとめるとして、参考にはなっても、これですべて解決とはとてもいかないでしょう。現在生きている人の伝記でもこうですから、時代が古くなれば、難しさはさらに増加します。

この本の主人公である聖徳太子は、まさにその典型です。この人は本名「厩戸《うまやと》」のほかに、「聖徳」という名前が付けられたほど、没後に大変な尊敬を受けました。古い人物ならではのわかりにくさのほかに、後から飾られた要素も、よほど割り引いて考える必要があるわけです。

ただ、それほどの有名人であるだけに、飛鳥《あすか》時代(六世紀末—八世紀初め)の人としては桁外《けたはず》れに関連の材料が多く、ほかの古代人と比較になりません。それらの材料は材料で、のちに取り上げるようなさまざまな問題があるわけですが、伝記を書こうとする場合、一応恵まれているとは言えないことはないでしょう。

他方、聖徳太子には、伝記を書く難しさを超えて、歴史家をひきつける魅力もあります。後世の評価のようにほんとうに偉大な人物だったのか、それとも偉人というのは虚像《きょぞう》に過ぎないのか、あるいは真実はその中間のどこかにあるのか。たとえ結論がどうなるにせよ、実像にせまりたいという思いは、誰しも抱くところだと思います。しかもその結論を出すには、古代からはるか後世に及ぶ膨大《ぼうだい》な史料、文化財、論説を見渡して、その価値を見極めていくという、面倒ではあるけれど、研究者の力量が試されるような、とても興味深い作業が待ち受けています。

私は以前、聖徳太子の人物像にせまる基礎作業として、伝記を考える上に欠かせない一、二の史料を取り上げて、その意義を考えたことがありました。この作業はその後十分進展したとも言えず、まだまだ準備不足なのは承知していますが、ひとまずこのあたりでいま脳裏《のうり》に浮かぶ太子の姿を書き留めておこうと思います。

ただこの本は、ふつうの伝記のように、主人公の誕生から始めて、その生涯をたどる形をとっていません。聖徳太子にまつわるいろいろな史料を紹介した後、太子が亡くなるところから始まるのです。これには理由があって、太子関係の史料には伝説的な要素が多く、ただ年代順に史料を並べても、伝説上の太子が現れるだけで、実在の人物が見えてこないからです。太子の伝記材料として確かな事実をしっかり押さえ、ほかの材料の信頼度を推《お》し量《はか》っていかねばなりません。みなさんもその人物像がどんなプロセスを経て導き出されるか、作業の途中経過を含めて楽しんで下されば幸いです。

なお、本書の書き方には、いくつかの約束事があるので、次にそれを説明しておきます。まず聖徳太子という名前です。この名前は一番よく知られていますが、本名ではないし、生前の称号でもありません。「聖徳」は、この人が聖人のように高い人徳を備えていたと褒《ほ》め称えた諡《おくりな》、つまり没後に贈られた名前で、「太子」は推古《すいこ》天皇の皇太子に立てられたという伝えに基づく称号です。「聖徳太子」と呼んだ最も古い文献は、奈良時代の半ばにできた漢詩集『懐風藻《かいふうそう》』の序文ですが、聖徳という諡だけなら、現在実物は失われているものの、は銘）とは、いろいろなモノに入れられた文章や文字のことです。

慶雲《きょううん》三年（七〇六）に刻まれた法起寺《ほっきじ》の塔《とう》の銘文《めいぶん》に「聖徳皇《しょうとくおう》」と出てきます。「銘文」（あるいは銘）とは、いろいろなモノに入れられた文章や文字のことです。

では、本名は何といったかというと、「厩戸《うまやと》」です。近年は没後に呼ばれた「聖徳太子」を避け、実名の厩戸を尊重して「厩戸皇子《うまやとのみこ》《うまやとおうじ》」とか「厩戸王《うまやとのみこ》《うまやとおう》」と呼ぶ研究者が増え、教科書などにもその動きが及んできました。確かに人物への評価をあからさまに出した「聖徳太子」より、実名のほうが歴史上の人物にはふさわしいとも言えます。ただ、面倒なことに「皇子」の称号は、七世紀の前半にはまだありません。皇子はひとくくりに「王《みこ》」と呼ばれていたので「厩戸王」は適切ですが、伝記や歴史書でまったく使われず、江戸時代に軽蔑の意味を込めて使われているぐらいです。

私はこの人が「聖徳太子」と呼ばれたのには、それなりの理由があると考えていますので、この本では「聖徳太子」（あるいは略して「太子」）で通すことにしました。

同じような問題は、天皇の名前についてもあります。「天皇」という称号（天皇号《てんのうごう》）の成立年代に関しては、まだ定説といえるものはありませんが、七世紀後半からと考える研究者は多く、天皇号成立前の称号「大王《だいおう》」で、歴代天皇を呼ぶことも増えてきました。たとえば、用明《ようめい》大王、推古大王の類《たぐい》です。しかしこれは一見正確そうに見えて、そうではありません。「用明」「推古」はそれこそ諡《おくりな》で、奈良時代の末にまとめて付けられたものです。一種の記号として使うわけですから、「皇子」の場合もそうですが、木に竹を接《つ》いだような言い方よりも、用明天皇や推古天皇で差支えないと思います。年号の一般的でなかった時代について、この天皇名を付けて、たとえば「推古天皇元年」というような年代の表し方がありますが、この本でもそれを使い「天皇」は省略しました。

また「日本」という国名ですが、これは大宝《たいほう》元年(七〇一)制定の大宝律令《たいほうりつりょう》から始まったと考えられるので、それ以前についてはつとめて「倭《わ》」ないし「倭国《わこく》」としました。ただ厳密には統一していませんので、その点了承下さい。

目　次

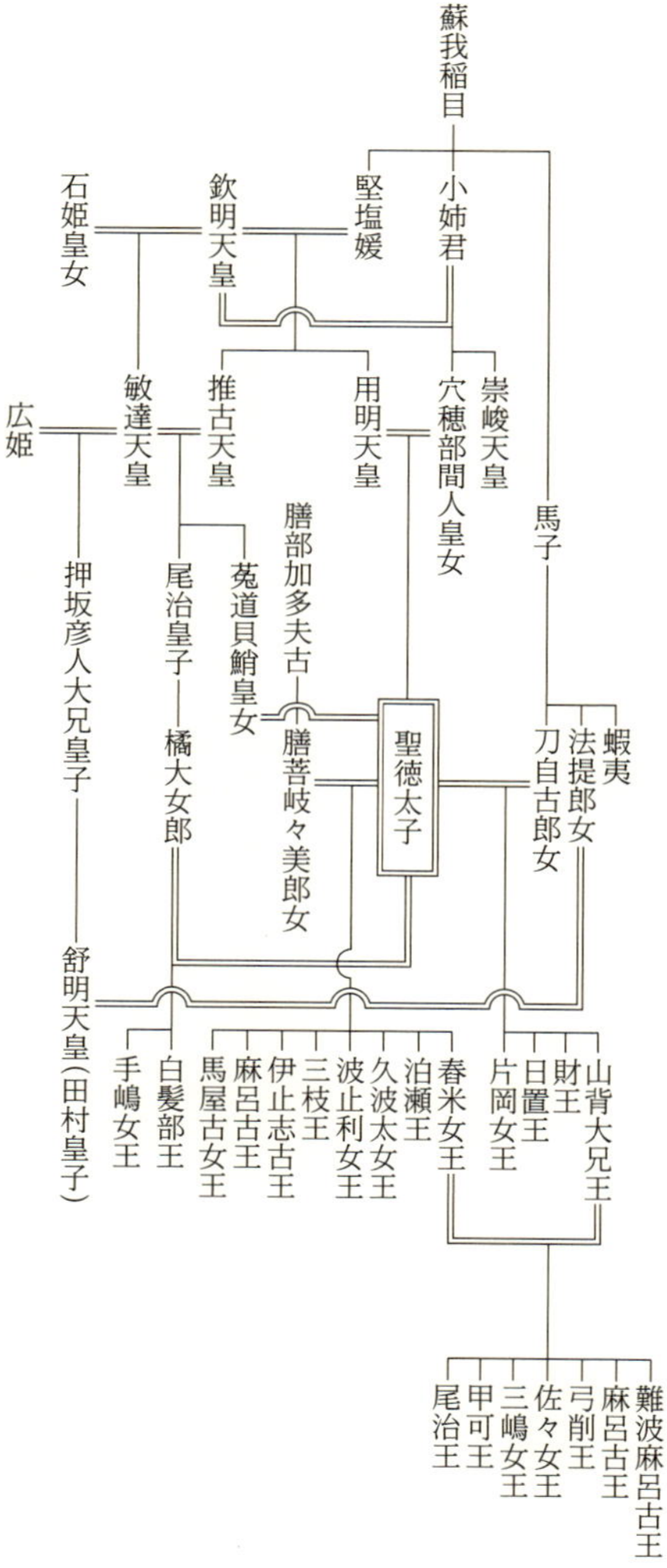
蘇我稲目
石姫皇女
欽明天皇
堅塩媛
小姉君
広姫
敏達天皇
推古天皇
用明天皇
穴穂部間人皇女
崇峻天皇
馬子
押坂彦人大兄皇子
尾治皇子
菟道貝鮹皇女
膳部加多夫古
聖徳太子
膳菩岐々美郎女
刀自古郎女
法提郎女
蝦夷
橘大女郎
舒明天皇(田村皇子)
手嶋女王
白髪部王
馬屋古女王
麻呂古王
伊止志古王
三枝王
波止利女王
久波太女王
泊瀬王
春米女王
片岡女王
日置王
財王
山背大兄王
尾治王
甲可王
三嶋女王
佐々女王
弓削王
麻呂古王
難波麻呂古王

序章

ほんとうの聖徳太子を求めて

『聖徳太子五憲法』(18世紀)の扉絵

一　聖徳太子と厩戸皇子

誕生と呼び名

次の節で説明する聖徳太子関係史料のうち、信頼度の高いものによると、聖徳太子は敏達《びだつ》三年(五七四)、敏達天皇の異母弟、大兄《おおえ》皇子(橘豊日尊《たちばなのとよひのみこと》、後の用明《ようめい》天皇)と穴穂部間人《あなほべのはしひと》皇女の長男として生まれ、推古《すいこ》三十年(六二二)に数え年四十九歳で亡くなりました。

母の皇女が宮中をめぐっていて、厩《うまや》の戸の前にさしかかった時出産したので、厩戸《うまやと》と命名されたと言いますが、これは名前から思いついた後づけの説明とされています。古代の皇族の名は、地名や養育した氏族《しぞく》名を付ける場合が多いので、厩戸もおそらく地名でしょうが、どこにあった地名かは意見が分かれ、確定できません。この誕生譚《たんじょうたん》がキリストの生誕を連想させるため、明治時代に久米邦武《くめくにたけ》氏が著書『上宮太子実録《じょうぐうたいしじつろく》』(聖徳太子奉讃《ほうさん》会監修『聖徳太子全集』四、龍吟社、一九四二年)の中で早くも真面目にその影響を想定しています。キリスト教の一派の景教《けいきょう》は南北朝時代(四三九—五八九)の中国に来ていたから、唐《とう》で学んだ僧侶《そうりょ》などが伝えてもおかしくないというのです。ただ、景教のほかの教えなどが古代に見られないので、やはりこれは偶然のいたずらでしょう。

この本の題名になっている「上宮太子」も、よく出てくる呼び名です。太子は父の用明天皇にかわいがられ、その宮の南にある「上殿」に住まわされたので、その居所によって「上宮」とも呼ばれたとされます。上宮は太子の宮を指すと同時に、太子その人を指す称号でもあったわけです。

ちなみに太子には豊聡耳《とよとみみ》とか豊聡八耳《とよとやつみみ》などの名もありますが、これはのちにも出てくる太子の聡明さを示す名で、多数の人の訴えを聞き分けたところから来ています。もし生前から呼ばれていたとすればニックネームのようなもの、おそらく没後の誉《ほ》め言葉でしょう。

変わるイメージ

この本を手にとられた読者なら、聖徳太子について、すでに何らかのイメージをお持ちだと思います。しかしそのイメージも、人により年齢により、さまざまでしょう。聖徳太子は、中学の歴史や高校の日本史の教科書にも出てくる有名人なわけですが、その教科書での扱われかたを調べてみても、太子の評価が大きく移り変わったことがわかります。そもそも今の高校教科書に、太子が太子として大っぴらに登場せず、「厩戸皇子」として現れると知ったら、年輩《ねんぱい》の人は驚くはずです。昔のイメージでは、聖徳太子は生まれつき大変賢く、推古天皇の即位した直後、推古元年（五九三）に天皇の甥《おい》として二十歳で摂政《せっしょう》の地位につき、さまざまな政治、文化上の偉業を成し遂げて、天皇中心の国家を実現させるよう努めた人とされていたからです。これまで中学校の歴史の教科書では、こういう昔ながらの流れで記述されていますが、その評価にも変化のきざしが見えてきました。

思えば聖徳太子ほど、人物評価の遷《うつ》り変わった人は少ないでしょう。没後ほぼ百年、八世紀はじめにできた『日本書紀』には、太子が天皇に代わって政治をとったこと、大変聡明で、十人の訴えを一度に聞き分けたこと、憲法を作ったり、仏典の講義や注釈《ちゅうしゃく》をしたりしたことなどが出てきます。

しかし平安時代以降の太子は、その中でもとくに、あつい仏教信仰《しんこう》の持ち主という点が発展して、観音《かんのん》の化身《けしん》とされ、超能力を備えた人物として神秘化されていきました。政治家という面は影が薄くなり、仏教を倭国《わこく》に根づかせた人、仏教の保護者という面が押し出されてきます。この傾向は江戸時代になっても変わりませんでした。

江戸時代の批判

しかし江戸時代には、それまでと少し違った評価が台頭《たいとう》します。それは儒学者《じゅがくしゃ》や国学者からの批判でした。太子は仏教嫌いのこれらの学者から見ると、仏教ばかり奨励《しょうれい》した人物だということになります（新川登亀男『聖徳太子の歴史学』講談社、二〇〇七年）。

たとえば林羅山《はやしらざん》（一五八三―一六五七）は、蘇我馬子《そがのうまこ》が崇峻《すしゅん》天皇を暗殺させたのに、太子は傍《ぼう》観《かん》していただけだったと強く非難しました。君臣《くんしん》上下の秩序《ちつじょ》を重んじる儒教の立場からは許せない態度だということです。また日本固有の文化を重んじる国学者の平田篤胤《ひらたあつたね》（一七七六―一八四三）は、同じ事件を責める一方、太子の作として有名な十七条憲法にも批判を向け、この憲法は中国古典の切り貼りに過ぎず、日本古来の神祇《じんぎ》にまったくふれないようなことだから、そのせいで太子の子孫も絶えたのだとしています。つまり太子は仏教に偏《かたよ》っていただけでなく、政治家として失格、犯罪人に等しいというわけです。

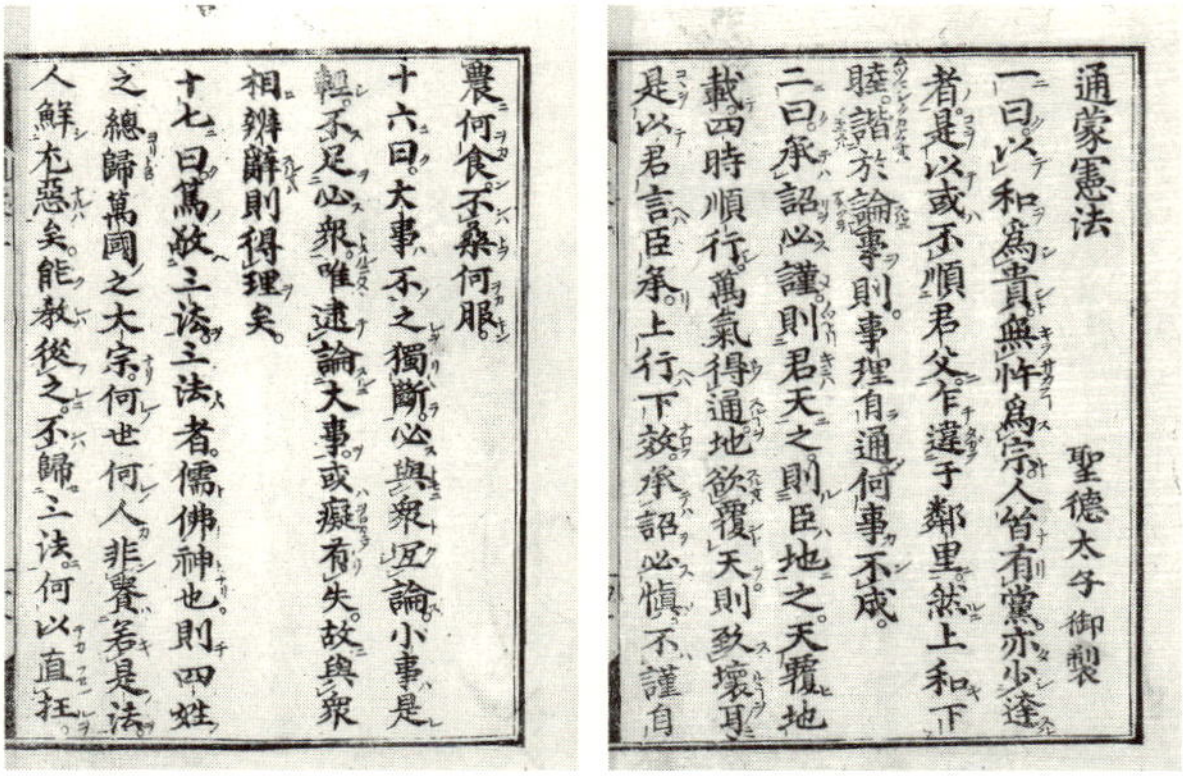
通蒙憲法
聖徳太子御製
一曰以和為貴無忤為宗人皆有黨亦少達
者是以或不順君父乍違于鄰里然上和下
睦諧於論事則事理自通何事不成
二曰承詔必謹君則天之臣則地之天覆地
載四時順行萬氣得通地欲覆天則致壊耳
是以君言臣承上行下效承詔必愼不謹自
農何食不桑何服
十六曰大事不可獨斷必與衆宜論小事是
輕不足必衆唯逮論大事或疑有失故與衆
相辨辭則得理矣
十七曰篤敬三法三法者儒佛神也則四姓
之總歸萬國之大宗何世何人非貴若是法
人鮮尤惡矣能教從之不歸三法何以直枉

図 1　『聖徳太子五憲法』のうち，「通蒙憲法」の最初と最後の部分．本来の第二条だったものが第十七条に回され，文言も変えられている

江戸時代中期には、この点を意識して、思い切った企《くわだ》ても出版されました。太子の十七条憲法には、別のバージョンがあったという趣向《しゅこう》です。この憲法の第二条には、「篤《あつ》く三宝を敬《うやま》え。三宝とは仏・法・僧なり」という、仏教の信仰を命じた条があります。第一条は「和をもって貴《とうと》しとな」せという抽象的な文言であるため、この第二条が憲法の実質的な第一条になるわけですが、そこにこういう文があるのは儒教や国学から見れば許せないことです。ところが江戸時代中期(天明《てんめい》八年、一七八八年)に出版された『聖徳太子五憲法』(本章扉絵および図1参照)という本を見ると、第二条に当たる文章がありません。この本は、

聖徳太子が作った憲法は一つではなく、実は社会の各層に向けて五種類の憲法を作ったのだと主張して、その内容を捏造《ねつぞう》しています。その最初には最も一般的な憲法として「通蒙《つうもう》憲法」が置かれますが、内容はほとんど十七条憲法そのままです。ただ第二条だけが抜け落ちていて、以下一条ずつ繰り上がり、最後の第十七条に、なんと「篤く三宝を敬え。三宝とは儒・仏・神なり」とあるのです。

こういう改作が仏教を嫌う学者の側で思いつかれたことは、改めて言うまでもないでしょう。その人々に気に入らない第二条を骨抜きにするのが目的に違いありません。儒教や国学の立場からすれば、この憲法に表れたあまりにもあからさまな仏教尊重は、異様なものと映ったのではないでしょうか。ただこのような反応は、江戸時代には、あまり一般に広まりませんでした。

明治時代の見直し

太子の人物像について、本格的に見直しが始まるのは明治に入ってからです。先駆《さきが》けとなったのは薗田《そのだ》宗恵《しゅうえ》氏の著《あらわ》した『聖徳太子』(前掲『聖徳太子全集』四、龍吟社、一九四二年)です。

この伝記は明治二十六年(一八九三)に出版されたものですが、薗田氏は、それまでの太子伝が基本的に十世紀ごろ作られた『聖徳太子伝暦《でんりゃく》』(以下『伝暦』と略称)という書物の上に成り立っていたのを明確に否定し、それより古い『上宮聖徳法王帝説《じょうぐうしょうとくほうおうていせつ》』(以下『法王帝説』と略称)や『日本書紀』などに基づいて太子を考えていかなければならないと力説しています。『伝暦』は伝説が中心で、史実に基づいているとは言えないからです。『日本書紀』の描く太子像にも、後で取り上げるように問題は多いのですが、明治二十六年という年代を考えるなら、『伝暦』を否定し、『法王帝説』に注目しただけでも、革命的といっていいでしょう。また薗田氏は、先に見たような儒学者たちの太子非難も、決して正しいとは言えないとして退けていますが、儒学者たちの批判も、もともと『伝暦』の描く太子像に基づいている以上、当然といえるでしょう。

このころになると、薗田氏のほかにも、従来の太子伝に疑問を抱く人が出てきます。明治三十六年(一九〇三)に太子の伝記である『上宮太子実録』を出版した久米邦武《くめくにたけ》氏がそれです。さきにも名前の出た久米氏は、歴史学を学んだ人だけあって、太子に関する史料の吟味《ぎんみ》では、薗田氏よりももっと徹底していました。久米氏は太子のことを伝えた史料を分類して、価値の高い順に甲《こう》種（確実）、乙《おつ》種（半確実）、丙《へい》種（不確実）とします。久米氏が最も高い評価を与えたのは、編集作業を経ていない史料、すなわち法隆寺金堂《ほうりゅうじこんどう》にある薬師《やくし》如来像《にょらいぞう》の銘《めい》や、同じく釈迦《しゃか》三尊像《さんぞんぞう》の光背《こうはい》に残された銘文などでした。これらは像が作られたその時のものだから、一番事実に近いというのです。この久米氏の考え方には、後で述べるように、まさに当時日本に移植された西洋流の歴史研究法が、そっくり生かされている感じです。その判断には、現在から見るとまだ十分でないところもあるのですが、この伝記が近代的な太子研究の出発点となったことはまちがいありません。

史料の解釈が生む違い

こうたどってくると、聖徳太子という人がいつの時代も同じように考えられてきたわけではないことをわかっていただけたと思います。太子像の見直しは近年も盛んで、実にさまざまな意見が専門家やアマチュアの研究者から提起されています。その場合、とくに注意してほしいのは、違った意見の出てくる根拠です。見解が異なる背景には、つねに残された史料を、どう考えるかという問題があります。結論だけ見ると天と地ほどの差があり、一方で太子は天才的な政治家・知識人と言われ、他方で無名の皇子の一人とされても、その根本にあるのは、同じ『日本書紀』や『法王帝説』の記事、銘文などで、格別変わった材料があるわけではないのです。

その意味で久米氏の研究は、太子研究の方向を切り替える意味を持ちました。細部ではもちろん違いが出てはきますが、研究の仕方としては、これが基本になります。太子の生涯や仕事について書かれた史料の何がどこまで信用できるのか、それを見極めて人物像を描いてゆくというわけです。近ごろは、これまで聖徳太子と言われてきたような偉い人物はいなかった、いたのは厩戸皇子というただの皇子だけだという説も出されていますが、これも決して別の土俵から立てられた説ではなく、今までと同じ史料を解釈した結果なのです。では太子について、どのような史料があるのか、改めて見ておくことにしましょう。

二　太子をめぐるさまざまな史料

奈良時代の太子伝

聖徳太子の伝記はその没後あまり時代を経ないうちに作られたようです。いま残っている太子関係の記述で古いのは、『日本書紀』(養老《ようろう》四年、七二〇年)に出てくる関連記事ですが、それにはもう、かなり神秘的なできごとが記されており、何かもとになった伝記があったと思われます。たとえば太子が生まれながら聡明《そうめい》で、一度に十人の訴えを聞き分けたという話、また片岡(現在の奈良県王寺町《おうじちょう》付近)に出かけた時、行き倒れの人に出会い、これを憐《あわ》れに思って衣を与え、翌日様子を見にやらせたところ、すでに亡くなっていたので、手厚く葬《ほうむ》ったのですが、数日後には衣だけ残して遺体は消えていたという話などは、すでに伝説化していた太子の伝記から参照されたものでしょう。

しかしそれでも、八世紀初めまでに残されていた太子に関する情報が、まとめて時代順に見られる点で、『日本書紀』は貴重です。

奈良時代になって作られた太子伝としては、正式な名前はわかりませんが、八世紀末の僧明一《みょういつ》や敬明《きょうみょう》らによる太子伝を挙げなければなりません。この伝記は四天王寺《してんのうじ》で制作された絵画による太子伝、いわゆる絵伝《えでん》にともなって著《あらわ》されたのが特色です。この絵伝を絵解きした解説台本が、この太子伝ということになります。

残念なことに絵伝そのものは残っていませんが、法隆寺に伝わった聖徳太子絵伝（延久《えんきゅう》元年、一〇六九年、法隆寺献納宝物、国宝）が、その大きさや構成を考える参考になるでしょう。こちらの絵伝は、大きな襖《ふすま》ほどの画面十枚に、太子の生涯の主な場面が、順序不同に組み合わされて描かれ、もとは法隆寺東院《とういん》の絵殿という建物（第四章図2、一五六ページ参照）の壁に貼り付けられていました。

生まれ変わりの伝説

ところでこの明一や敬明らによる太子伝の本文は、ごく一部しか残っていないのですが、その内容を伝えると思われる、同時期の別の太子伝があります。それは『異本《いほん》上宮太子伝』、別名『七代記』と呼ばれる本です。初めの部分が欠けているため不明な点も多いのですが、その記述には、『日本書紀』の太子伝にない目立った特色があります。

それは、太子が中国南北朝時代の高僧、慧思《えし》の生まれ変わりだとはっきり書いてある点です。しかも慧思にはまだ五代にわたるその前生があり、太子は七代目の生まれ変わりだというのです。慧思は実在の人で、五一五年に生まれ五七七年に亡くなっています。法華経《ほけきょう》に詳しく、中国天台宗《てんだいしゅう》の祖師の一人に数えられていました。この伝記には、太子が慧思として中国で活躍していたころ、衡山《こうざん》という聖地で使っていた法華経の写本《しゃほん》があり、日本の皇太子になってから、小野妹子《おののいもこ》を遣隋使《けんずいし》として派遣して衡山に行かせ、昔の自分の法華経をとって来させたという話が載っています。これは聖徳太子の慧思後身説《えしこうしんせつ》と言われる有名な伝説で、江戸時代まではよく語られたのですが、現代では一番なじみの薄い話でしょう。

この伝説は、本来中国に起源があり、慧思がその没後、東方の倭国《わこく》の王子に転生《てんせい》したという話でした。それを唐《とう》に留学した僧などが聞き込み、その王子を聖徳太子に結び付けたのだと考えられます。奈良時代の前半には、すでに日本国内で広まっていたようですが、私たちはこの『異本上宮太子伝』(『七代記』)で、はじめてその全貌《ぜんぼう》を見ることができるのです。

平安時代の太子伝

時代が奈良から平安に移るころ、もう一つ特色ある太子伝が現れました。『上宮皇太子菩《ぼ》薩伝《さつでん》』です。この伝記はもともと『延暦僧録《えんりゃくそうろく》』(延暦七年、七八八年成立)という伝記集の一部なのですが、のちには、単独で読まれるようになります。この伝記も、太子の七代転生を説くのが特徴で、太子の伝記なのにもかかわらず、記事のほとんどが六代目の慧思の生涯に当てられているほどです。著者は、鑑真《がんじん》に従って来日した唐僧、思託《したく》でした。鑑真が来日を決断した動機の一つは、慧思が東方に転生したと考えていたからで、慧思に力点があるのもうなずけます。

このように平安時代に入るころには、すでに伝説化した聖徳太子の伝記が複数成立していたわけですが、その状況を受けて、平安初期に著されたのが、『上宮聖徳太子伝補闕記《ほけつき》』です。「補闕」、つまりかけたところを補うという言葉が題名に入っているのは、この伝記がそれまでの太子伝に抜けていることがらを補う意味で作られているからです。序文によると、この本はそのために「調使《つきのおみ》」「膳臣《かしわでのおみ》」の家記《かき》を使ったと言っています。太子の忠実な従者として伝記に欠かせない調使麻呂《つきのおみまろ》という人物がいますが、調使の家記とは、その人物の家に伝わった記録であり、膳臣の家記のほうは、太子の妃《きさき》、膳菩岐々美郎女《かしわでのほききみのいらつめ》の家の記録と考えられます。内容も確かにこの二人に関係する記事が多く、おそらく七世紀以来の記録が両家にあって、それが著者の手に入ったのでしょう。太子の経典講義や法隆寺の火災に関する記事、太子の亡くなる時の様子などは、この本ならではの記載といえます。

『伝暦』が広めた「観音の化身」という話

こうした各種の太子伝を受けて、その集大成となったのが『聖徳太子伝暦《でんりゃく》』です。かつては著者が藤原兼輔《ふじわらのかねすけ》、成立は延喜《えんぎ》十七年(九一七)とする説が有力だったのですが、いまでは誤りとわかり、著者は平《たいらの》なにがし、成立は十世紀というぐらいしか言えません。書名の「暦」という字が示すように、『伝暦』は太子の伝記と後日談が年月に沿って記されていて、まさに太子の一代記です。『日本書紀』でさえ、太子の超人的な面が強調されていましたが、ここへ来るまでにそれはさらに甚《はなはだ》しくなり、『伝暦』では太子は人間に姿を変えた観音菩薩《かんのんぼさつ》とされています。太子が観音菩薩となると、前に出てきた中国の高僧慧思の生まれ変わりというのはどうなるのかと思う読者もあるでしょう。しかしこの二つは両立しないのではなく、『伝暦』にも慧思後身説は語られています。観音菩薩は、救う相手に合わせて自在に変身するとされていますので、前に慧思だったとしても一向差支えはないのです。

ともあれ、いったん『伝暦』が広まると、太子伝は『伝暦』一色に染まっていきました。時代が下るにつれて太子をめぐるエピソードが多少付け加わるのも確かですが、『伝暦』に出てこないエピソードはごくわずかで、新しい太子伝は、『伝暦』のヴァリエーションと言って言い過ぎではないと思います。『伝暦』以後に加わった重要な伝説は、太子が釈迦《しゃか》の遺骨、仏舎利《ぶっしゃり》を握って生まれ、二歳になって「南無仏《なむぶつ》」と唱えて合掌《がっしょう》した時、それが拳からこぼれ落ちたという話ぐらいです(二二ページ図4右参照)。これは太子が慧思の時代に持っていた舎利を握って転生したという含みでしょう。『東大寺要録《ようろく》』や『七大寺巡礼私記《しちだいじじゅんれいしき》』などの文献から、『伝暦』成立の直後から広まった伝説と見られます。

重要なのは、『伝暦』が伝記として大きな影響を後世《こうせい》に与え続けたことです。新しい話題が多少加わり、伝承の発展が見られたにしても、太子が実質的に仏教の開祖《かいそ》であること、観音の化身としてさまざまな霊能力を発揮したことなどは、太子のイメージとして末永く人々の心に刻みこまれました。これを変えるのが容易でなかったことは先に見たとおりです。

重要な史料『法王帝説』

ところで太子伝の展開してきたメインルートがこれだとすれば、そこからはずれた重要な文献があります。それが法隆寺に伝えられた『上宮聖徳法王帝説』（図2）です。この本は太子の簡略な伝記であると同時に、一種の太子関係史料集でもあるのですが、近代以降の太子研究では一番信頼を集めてきました。確かに伝説の影は薄く、伝記として素朴《そぼく》な姿をとどめています。奈良時代前半には確立していた慧思の後身だとい

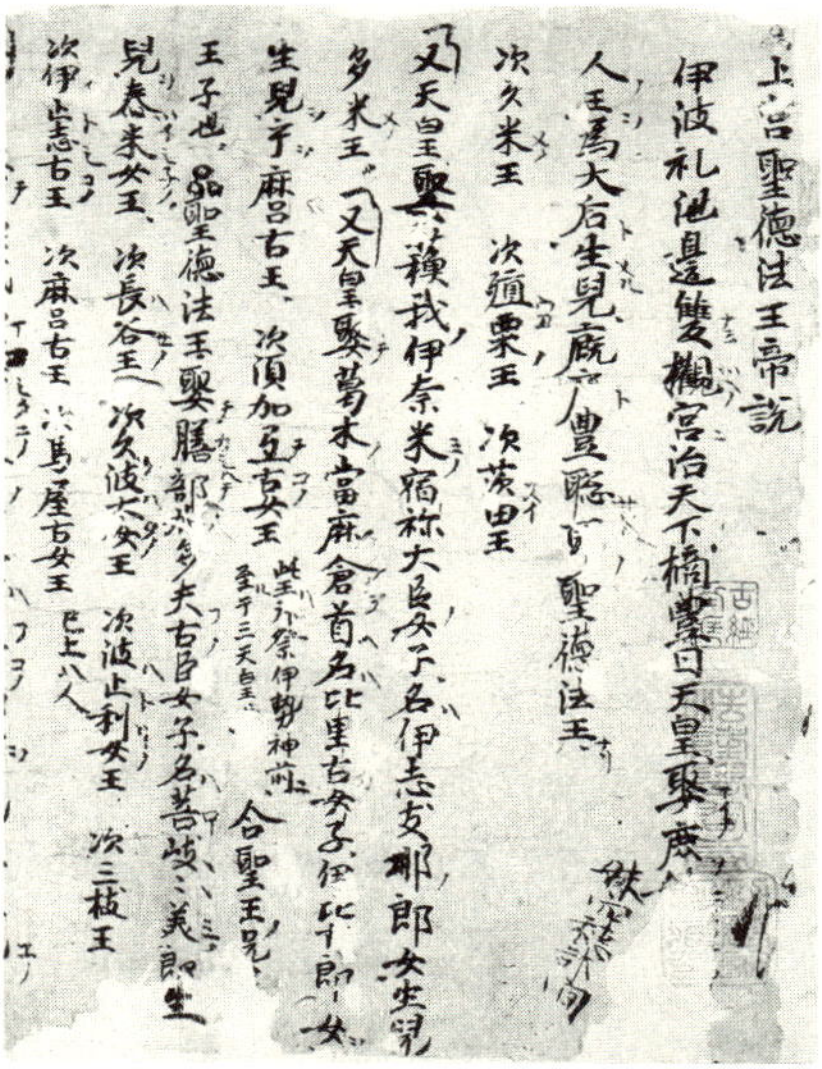
上宮聖徳法王帝説
伊波礼池辺双槻宮治天下橘豊日天皇娶庶妹
人王為大后生児厩戸豊聡耳聖徳法王
次久米王　次殖栗王　次茨田王
又天皇娶宗我稲目宿祢大臣女子名伊志支那郎女生児
多米王　又天皇娶葛木当麻倉首名比里古女子伊比古郎女
生児乎麻呂古王　次須加弖古女王　此王拝祭伊勢神前至于三天皇也　合聖王兄弟七
王子也　聖徳法王娶膳部加多夫古臣女子名菩岐々美郎女生
児舂米女王　次長谷王　次久波太女王　次波止利女王　次三枝王
次伊止志古王　次麻呂古王　次馬屋古女王　已上八人

図2　『上宮聖徳法王帝説』の巻頭部分（古典保存会複製による）

うあの伝説もまったく語られていません。

江戸時代の後期になって、日本の古代研究の基礎を築いた学者の一人、狩谷《かりや》棭斎《えきさい》がその価値に気づきました。この本は記紀《きき》(『古事記』や『日本書紀』)をまだ見ていない人によって著《あらわ》されたとして、法隆寺から借り出し、詳しい注釈を作った結果、利用されるようになりましたが、それまではほとんど知られていませんでした。棭斎はこの本を借用《しゃくよう》したまま返さなかったようで(河野昭昌「倒叙太子信仰史　近・現代編11」『聖徳』一九二号、二〇〇七年)、現在は法隆寺の外に出てしまっていますが、その研究が近代の太子研究の土台になったことを思えば、責めるべきではないかもしれません。

『法王帝説』は首尾《しゅび》一貫《いっかん》した著作ではなく、成立年代の違う五つのブロックに分けられるのが特色です。法隆寺にある仏像の銘文《めいぶん》(次の章でふれます)が引用されていることからすると、最後は法隆寺僧の手でまとめられ、そのまま法隆寺に伝来《でんらい》したと見られますが、全体としては法隆寺との関わりは目立ちません。法隆寺は奈良時代以来、太子が取り寄せた慧思の法華経を守り伝えてきた点で、慧思後身説の発祥地とも言える寺なのに、それにふれていないのは、法隆寺に伝わったとはいっても、中心部分は、法隆寺とは無関係の古い史料に基づいた伝記だからでしょう。最も早くできた部分はおそらく七世紀末、遅くできた部分は十世紀で、平安時代の後期、十二世紀には法隆寺僧の手元にありました。巻末に書き込まれた僧《そう》侶《りょ》のサインでそれがわかります。

『法王帝説』が太子研究の上で持つ重みは格別です。前にもふれたとおり、まださまざまな伝承《でんしょう》に彩られていない、比較的素朴な太子像がそこに見出されるからです。この本でもこれから折にふれて『法王帝説』の語るところに耳を傾けることになります。

「定番」の肖像・唐本御影

私たちが聖徳太子をイメージする時、文献の伝えもさることながら、肖像画から来る印象も見すごせません。なかでも近現代の人々にとって忘れられないのが、かつて高額紙幣に使われていた太子の顔でしょう。若いみなさんはなじみがないでしょうが、「聖徳太子」は一万円札などの代名詞でもあったのです。

あの肖像は、法隆寺に伝わり、今は皇室の御物《ぎょぶつ》(天皇の所有物)になっている画像(図3)からとられたものです。描かれた年代ははっきりしませんが、奈良時代の画とされています。幞《ぼく》

図 3　御物・聖徳太子二王子像（宮内庁蔵，8 世紀）．「唐本御影」と呼ばれ，紙幣の画像のもとにされた

頭《とう》という唐風の冠をかぶり、袍《ほう》という、これも唐風の着物をつけ、笏《しゃく》をとって立つ風俗は、少なくとも飛鳥《あすか》時代のものではなく、奈良時代の貴族の姿といっていいでしょう。

この画が「唐本御《とうほんみ》影《えい》」と言われたのは、外国人である百済《くだら》の阿佐《あさ》王子が来日して描いたという伝説に基づいていますが、それはこの画の装束《しょうぞく》が、平安時代以降の貴族のものとは違っていたことにも理由がありました。

従者二人を左右に従えるこの形式は、中国の隋や唐の時代の絵にモデルがありますが、この画像では左右の人物は太子の弟の殖栗《えぐり》皇子と、子息、山背大兄《やましろのおおえ》王とされています。奈良時代になって太子が信仰の対象になり、礼拝するために描かれたと考えられます。

かつて、この画は飛鳥の川原寺にあったもので、聖徳太子とは無縁の肖像だという説が唱えられたこともありました。この説は、画の表装部分に「川原寺」と墨書《ぼくしょ》があるとして言い出されたのですが、その文字は表装に地文様《じもんよう》として織り出された漢字で、それがかすれているのを「川原寺」と読み誤ったに過ぎません（拙著『書の古代史』岩波書店、二〇一〇年）。この画は、すでに十二世紀に法隆寺にあったことが、記録で確かめられます。この画像が、太子の面影《おもかげ》をどの程度伝えているかわかりませんが、奈良時代以前の貴族や役人を描いた例は、落書の類まで入れても珍しく、貴重な肖像であることはまちがいありません。

肖像も変わる

ただこれが定番の肖像になったのは、一四〇〇年という時間を考えると、そう古いことではありませんでした。この点は、すでに述べてきた伝記資料の場合と似ています。近世以前に『伝暦』が大きな影響力を持っていたことは、肖像についても当てはまります。『伝暦』の場面に合わせ、経典を講義する太子（講讃《こうさん》像、図4左）、父天皇の病平癒《へいゆ》を祈る太子（孝養《きょうよう》像、

図 4　〔左〕勝鬘経講讃図(兵庫・斑鳩寺，13 世紀)，〔右〕聖徳太子二歳像(奈良・円成寺，14 世紀)

十六歳像)、念仏する幼い太子(南《な》無《む》仏《ぶつ》太子《たいし》像、二歳像、図4右)などが、画や彫刻に作られ、一般にはそれらが最も身近な太子の肖像となっていたのです。

一方で仏教史上の重要人物の一人として、少年の姿に表現されることもありましたが(たとえば兵庫県一乗寺《いちじょうじ》の天台祖師《てんだいそし》画像の一つ。平安時代後期、国宝など)、いずれも仏画や仏教彫刻の流れに位置づけられるでしょう。「唐本御影」が、礼拝のための画とはいっても、中国の皇帝像をモデルにした世俗《せぞく》画の系統に属するのと大きな違いです。

例外的な太子像といえる「唐本御影」ですが、鎌倉時代半ばに脚光《きゃっこう》を浴びたことがあります。法隆寺の僧たちが、京都や鎌倉に運び、寺の縁起《えんぎ》を宣伝したり、所領の確保を訴えたりしたからです。そのため、この画の系統の肖像も少しは作られ、太子像の一パターンと認められたことは確かですが、決して一般化したとは言えないでしょう。それには伝記について述べたような太子観の一新が必要でした。

明治時代に広まった太子像

明治時代になると、太子は天皇中心の国作りを指導し、国際的にも中国と対等にわたり合う政治家、文化人として評価されるようになり、新しく生まれた天皇制国家にふさわしい、古代の皇族として再生します。太子の人物評価が変わると、肖像もそれにふさわしいものに変わらなければなりません。

簡単に言うなら、太子の人物像が仏教色を一掃した時、この画像がこれまでの各種肖像にとって代わったのです。飛鳥時代とは言えませんが、奈良時代にまではさかのぼる古式の服装、歴史上の人物にふさわしい風貌や容姿が、偉大な皇族としての新しいイメージにぴったりだったからです。

この肖像が描かれた事情や年代については、まだわからないことが少なくないのですが、明治以降、聖徳太子と言えばこの像ということになり、しかも古代絵画の優品《ゆうひん》と位置づけられたため、一九〇〇年のパリ万国博覧会には、長い船旅をしてフランスとの間を往復しています（農商務省編『千九百年巴里《パリ》万国博覧会臨時博覧会事務局報告』一九〇二年）。当時この画像は、すでにほかの文化財とともに法隆寺から皇室に献納《けんのう》されて御物となっていましたが、御物が海難《かいなん》の危険を冒して出陳《しゅっちん》されるのは異例のことでした。日本を代表する古代絵画という評価がなされていたからこそですが、明治に入って確立した偉人としての太子のイメージが、さらにその背後にあったと言っていいでしょう。

第一章

釈迦三尊像の銘文にみる太子

北から望んだ法隆寺の金堂・中門と五重塔

一　銘文のなぞ

太子を知るための足がかり

みなさんは、史料によって、またその解釈の仕方によって、さまざまな太子像が生み出されることを知られたと思います。では実在した太子の姿を求めるのは無理なのでしょうか。確かにそれは大変ですが、まったく諦めるべきではないと思います。

もちろん伝説をすべて認めるなら簡単ですが、それでは太子は信仰《しんこう》の対象となってしまい実在の人物とは違ってきます。これとは逆にすべてを疑ってかかるというのはもっともなことだし、手堅いように見えますが、さらにその上に次々と疑いを重ねていくと、太子は雲散《うんさん》霧消《むしょう》してしまいます。

結局のところ、太子について確かめられる定点を見つけ、それを足がかりに広げていくというのが確かな方法でしょう。そこで私は、太子の生涯とは逆方向にはなりますが、太子が亡くなる時から話をはじめたいと思います。それはここに一つの定点があると考えるからです。

そもそも太子が亡くなった年についても、『日本書紀』系の伝記は推古《すいこ》二十九年（六二一）といい、『法王帝説《ほうおうていせつ》』ほかの伝記は同三十年（六二二）としています。これを解決し、太子が晩年どう評価されていたのかを知らせてくれるのが、法隆寺《ほうりゅうじ》の金堂《こんどう》に本尊《ほんぞん》として祀《まつ》られる釈《しゃ》迦三尊像《かさんぞんぞう》です。

太子と等身大の仏像

この仏像は飛鳥《あすか》時代彫刻の傑作として有名な作品ですが、三体の仏像のうち、真中の釈迦《しゃか》如来《にょらい》はほぼ等身大、両脇にやや小振りの菩薩《ぼさつ》像が従い、その三体を包みこむような大きな光《こう》背《はい》が付きます。この三尊は四角い三段重ねの大きな台座に載っていますから、天井の高い金堂内でも結構大きく見えます（図1）。

釈迦三尊像は、数ある古代の仏像の中で、有名なわりに、これが好きだという人は、おそらく稀《まれ》だと思います。法隆寺金堂の内部が薄暗く、離れた場所にあるのもその一因ですが、

図１　金堂釈迦三尊像

それだけでなく、その厳しい造形《ぞうけい》が人をたやすく寄せつけない雰囲気を感じさせることが大きいでしょう。文様化《もんようか》された衣のひだや、窮屈とも見える姿勢は、中国南北朝時代のスタイルを踏襲《とうしゅう》したもので、これがその印象をよけいに強めています。しかし近づいて仰ぎ見る中尊《ちゅうそん》の御顔は優しさに溢《あふ》れ、爽やかな眼差しを拝する者に投げかけてきます（カバー写真参照）。とっつきにくいけれど、一度その魅力を知ったら忘れられない仏像です。写真では真価の伝わらない仏像の代表と言ってもいいと思います。

この三尊が入念に作られているのももっともで、光背の裏側には、太子の冥福《めいふく》を祈るため

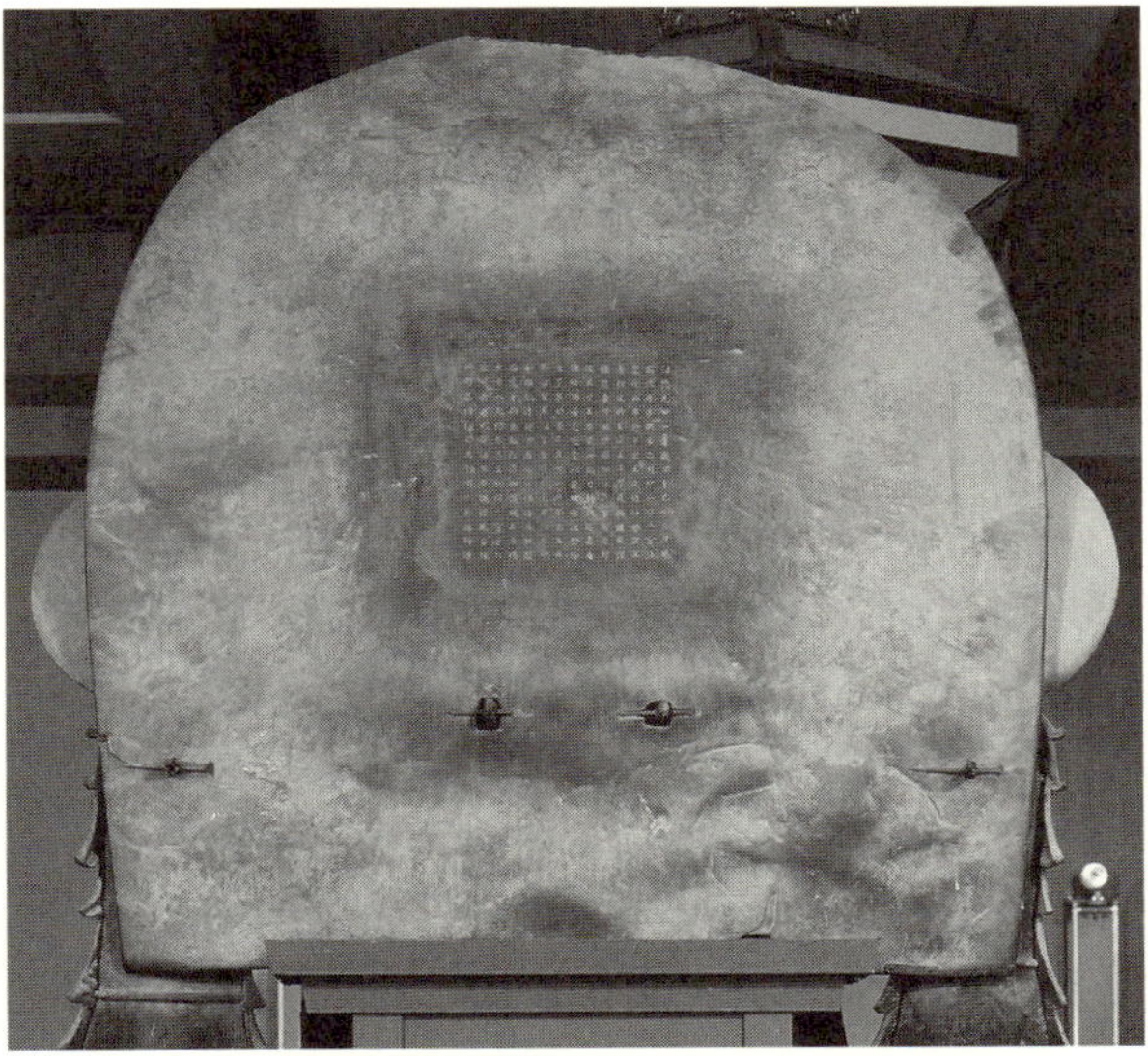

図 2　金堂釈迦三尊像の背面(写真提供 小学館)．光背の裏側に正方形に整えられた銘文が見える

の像だという、いわれを書いた銘《めい》が、漢文で一九六文字も刻まれているのです(図2)。それによるとこの傑作は、司馬鞍首止利《しばのくらつくりのおびととり》という仏師によって作られました。作者を明記した古代の仏像はほかにありませんが、彼が『日本書紀』にも鞍作鳥《くらつくりのとり》として取り上げられる名工であってみれば、不思議ではないでしょう。

『日本書紀』にもあるように、彼はすでに法興寺《ほうこうじ》(飛鳥寺《あすかでら》)の本尊を作って無事金堂に納め、推古天皇から褒《ほ》められた人物です。その祖父達等《たつと》は、中国南朝の梁《りょう》からの渡来人《とらいじん》と言われ、代々天皇や蘇我《そが》氏に目をかけられてきました。祖父達等が六世紀初めに私的に仏教を信奉していたという有名な伝え(『扶桑略記《ふそうりゃっき》』欽《きん》明《めい》十三年十月条)は、あまりに年代が古くて信じられませんが、代々仏教徒だったことは認めていいでしょう。鞍作《くらつくり》氏というのは、もともと馬具を製作する金工職人だったはずですが、その技術を生かして仏像制作にも腕を振るったわけです。血統からすると蘇我氏の一族といってもいい太子のための造像に、止利《とり》が起用されたのは肯《うなず》けるところです(巻頭系図参照)。

銘文の内容

その銘文は、太子が亡くなる前の年(六二一)の十二月に、「鬼前太后《たいこう》」が亡くなったことから書き出されます。「鬼前太后」は用明《ようめい》天皇の后《きさき》で、太子の母、穴穂部間人《あなほべのはしひと》皇女であることは確かですが、なんと読むかはわかっていません。年が明けて正月、「上宮法皇《じょうぐうほうおう》」(太子)がまず病に倒れ、看病の疲れか、その妃の「干食王后《かしわでおうこう》」(膳 菩岐々美郎女《かしわでのほききみのいらつめ》、以下 膳 妃《かしわでのきさき》と略称)もならんでベッドにつくことになりました。膳妃やその子供たちは、仏に対し太子の回復を祈りますが、妃たちも太子の病が重いことに気づいていたからでしょう、病気の回復を祈りながらも、もし亡くなることがあれば、浄土《じょうど》に往生《おうじょう》するようにと願《がん》を立てました。しかし、願いも空しく、妃のほうが先だって二月二十一日に亡くなり、その翌日、太子も世を去ります。残された子供たちは、先の願を実現しようと、仏師の鞍首止利にこの釈迦三尊を作らせ、翌年に完成した、というのです。

銘には、太子と等身の釈迦像を作ろうとしたとありますから、その端正な表情に、太子の面影を見てもまちがいではないでしょう(カバー写真参照)。太子夫妻が没してまもなく、付属するものも含めて像が完成したとあるので、願を立てるのと同時に制作が始まったことが推定されます。次にその文章を書き下し文にして挙げておきましょう。

法興元《ほうこうげん》卅一《さんじゅういち》年、歳《ほし》は辛巳《しんし》に次《やど》る十二月、鬼前太后《たいこう》崩《ほう》ず。明年《みょうねん》正月廿二《にじゅうに》日、上宮法皇《じょうぐうほうおう》、病に枕《まくら》して弗悆《ふよ》、干食王后《かしわでおうこう》、仍《よ》て以《もっ》て労疾《ろうしつ》、並びて床《とこ》に著《つ》く、時に王后《おうこう》王子等、諸臣及与《と》、深く愁毒《しゅうどく》を懐《いだ》き、共に相発願《あいほつがん》すらく、「仰ぎて三宝に依《よ》り、當《まさ》に釈像《しゃくぞう》の、尺寸王《しゃくすんおう》身《しん》なるを造るべし。此《こ》の願力《がんりき》を蒙《こうむ》り、病を転じて寿を延《の》べ、世間に安住せむ。若《も》し是《これ》定業《じょうごう》にして、以て世に背《そむ》かば、往きて浄土に登り、早《すみや》かに妙果《みょうか》に昇らんことを」と。二月廿一日《にじゅういちにち》癸酉《きゆう》、王后即世《そくせい》す。翌日法皇登遐《とうか》す。癸未《きび》年三月中、願いの如《ごと》く敬《つつし》みて釈迦《しゃか》尊像《そんぞう》并《あわ》せて侠侍《きょうじ》、及び荘厳具《しょうごんぐ》を造り竟《おわ》る。斯《こ》の微福《びふく》に乗じ、道を信ずる知識、現在安隠《げんざいあんのん》にして、生《しょう》を出でて死に入り、三主《さんしゅ》に随《したが》い奉《たてまつ》り、三宝を紹隆《しょうりゅう》し、遂《つい》には彼岸《ひがん》を共にし、六道《ろくどう》に普遍《ふへん》せる、法界の含識《がんしき》、苦縁《くえん》を脱するを得て、同じく菩提《ぼだい》に趣《おもむ》かむことを。司馬《しばの》鞍首止利《くらつくりのおびととり》仏師《ぶっし》をして造ら使《し》む。

銘文は当時のもの？

こう見てくると、太子の没年は、はっきり六二二年とわかり、亡くなる前後事情まで明らかということになりますが、この銘や三尊をめぐっても、さまざまな議論がありました。まずすでに述べたように、明治時代に太子への評価を一新させた久米邦武《くめくにたけ》氏は、各種の伝記などとは違う一等史料だとして、この銘を高く位置づけました（八ページ）。西洋流の歴史研究法を身に付けていた久米氏からすれば、史料を集めて編集された歴史書や伝記よりも、生の史料である銘は、最も信頼できることになります。研究者の間では長くこのような評価が一般化し、銘はその当時のものと信じられてきました。

風向きを変えたのは、一九三五年に発表された福山敏男《ふくやまとしお》氏の研究です（「法隆寺の金石文に関する二三の問題」『夢殿』十三号）。福山氏は、同じ金堂にあって、推古十五年（六〇七）のものと信じられてきた薬師如来像《やくしにょらいぞう》の銘を疑うとともに、この三尊にも疑問を呈《てい》したのです。福山氏は、薬師銘やこの三尊の銘に、寺や仏像の由来を説明した「縁起《えんぎ》」の匂いをかぎとります。みなさんも、お寺の案内板や拝観券の裏などに、寺や仏像の由来を書いた文章を見たことがあるでしょう。それが「縁起」で、歴史的な事実に限らず、後世《こうせい》になって作られた話も含まれています。

福山氏は、銘の中で太子を指して使われている「法皇」という呼び方は、天皇号にヒントを得たものであり、天皇という君主号はまだ推古朝にはなかったという立場から、銘は七世紀後半になって書かれたものだと指摘しました。そんなことでこの銘を疑えるのかと思われる人もあるでしょう。確かに福山氏の史料に対する批判には、その前提が確実なのかという疑問があります。しかし生の史料だからと無条件に信頼してきた学界にとって、この批判は大きな衝撃でした。西洋の銘文は多くが発掘された品に入っていて、偽物か本物かという問題はあっても、後から「縁起」を刻むというような例は考えに入れなくてもいいからです。

この研究が発表された昭和時代の初めは、津田左右吉《つだそうきち》という学者が、『古事記』『日本書紀』の古い時代を扱った部分は、歴史的な事実ではなく、ヤマト朝廷の起こりを書いた伝説だという研究を公表しつつある時期でした。福山氏は、津田左右吉氏が記紀《きき》の内容を疑ったと同様な態度で、寺院の史料にメスを入れたのです。その意味で、結論の当否は別にしても研究史に残る論文といえるでしょう。

光背取り替え説も

福山論文が出て以来、とくに第二次大戦後になって、釈迦三尊銘に関する多くの論が出てきましたが、それらを詳しく紹介するのは省きます。その中には釈迦三尊と光背は別物で、ほかの像の光背が転用されたという説もありました。また、はじめ作る予定だった二倍大の像に合うよう作られた光背を、下部だけ切り縮めたという意見も出されています。これらについてはひとこと付け加えておきましょう。

古代の仏像が本来の光背を失い、のちに、別の仏像の光背が付けられているのは珍しくありません。しかしそれはたいてい小さな仏像の場合です。釈迦三尊のように完全に残っている大型の像の場合、なぜ光背だけが失われてしまうのか、またそれに合うようなほぼ完全な光背が、どこから調達できるのか、一歩退いて考えると疑問が湧《わ》いてきます。現に光背と仏像の取り付け方を調べた彫刻史の研究者は、双方の取り付け部の様子から、できあがった光背と仏像を、工人が現場で調整しながら組み上げていったと判断しています（西川杏太郎『日本彫刻史論叢』中央公論美術出版、二〇〇〇年）。また下部が切り縮められたとすれば、幅に比べて丈があまりに長くて釣り合いがとれず、裏面の銘の位置も高すぎることになります。釈迦三尊の光背が別の仏像のものだったという考えは、推理のおもしろさにはまって全体を見ていない議論というべきでしょう。実際、図1（二八ページ）を見てもらえば一目瞭然ですが、この三尊には別物を取り合わせたような不自然さは少しも感じられません。

ただそれは極論としても、釈迦三尊の銘が「縁起」だという点は、どう考えたらいいのでしょうか。いったん疑問符が付いた以上、もう素朴《そぼく》に一等史料と言えなくなったことは確かです。しかしそうかといって当時のものではないと証明されたわけでもないのです。私もどう考えるべきか、ずっと迷ってきたのですが、幸いにも十数年前に真近でこの銘に対面する機会を与えられ、それがきっかけで積年《せきねん》の疑いを解くことができました。それはこういうことなのです。

「平らな面」の発見

銘は光背の裏に刻まれているわけですから、後の時代でも彫り込める理屈です。銘が縁起だとしたら、それは像ができた後で刻まれた追刻《ついこく》に違いありません。釈迦三尊のように、銅製で金メッキされた仏像の場合、追刻かどうか判断する時の基準になるのは、銘が金メッキされる前に刻まれたものなのか、後なのかということです。金メッキの後に追刻すると、メッキが削られるので、文字の筆画内には銅の地肌が見えます。逆にもし刻まれた文字の筆画内に金が入っているなら、それは追刻ではありえません。

古代の金メッキは、摩《す》り下ろして粉にした金を、水銀液の中に溶かし込み、メッキしたいところにそれを塗りつけた後、熱を加えて水銀を気化させ、金を定着させる方法をとりました。ところが光背の場合、裏側は前面からは見えないので、もともと金メッキがきちんとやられていません。前面に金メッキする時、金を溶かした水銀液が飛び散って、ところどころに金メッキが散布している状態でしかないのです。これでは、金メッキを手がかりに判定するのは不可能と言わなければなりません。

しかし改めて銘がある光背の裏側を真近に見ることができたおかげで、一つのことに気づきました。一九六字の銘は、全十四行で各行十四字にまとめられ、見かけは正方形を呈していますが、その正方形を中心に、一回り大きな範囲が、あまり凹凸《おうとつ》のない平らな面に整えられているのです。そのことに気づいてみれば、この事実は写真でもわかります（二九ページ、図2参照）。それはもちろん銘を刻むことを意識した仕事ですが、大切なのはこの平らに整えられた面にも、先ほど述べた金メッキが散布していることです。これは、銘を刻むことが、光背を作る前から予定されていたことを示します。平たく整えられた範囲が銘の広がりと大体対応していることに注意するなら、刻む予定の銘が、いま見るものと別物だったとは思えません。はるか後から銘だけが入れられることもありえないでしょう。

銘は「型」に刻まれていた

仏像本体もこの光背も、細かい土で作り上げた型の上に、蜂《はち》の巣を溶かして作った蠟《ろう》を貼り付け、そこに微細な文様《もんよう》を刻んで原型にし、後から溶けた銅を流し込む、蠟型鋳造《ちゅうぞう》という

図3　銘文の文字「敬造」(奈良文化財研究所提供)

技法で作られています。銘を入れることを予想して、この部分は蠟を貼り付けた型の段階でならしておいたのでしょう。そのため、この平らな面は、周りに境界線のようなものがまったくありませんし、結構凹凸も残っています。おそらく銘自体も、蠟の型にじかに刻まれたと推定されます。釈迦三尊の銘は、書としても稀にみる柔らかさを備えています(図3)が、それはこの銘文が、軟《やわ》らかい蠟に刻まれたことで、下書きの筆の感触までよく伝えているからだと考えられます。ふつう銘文は鋳上《いあ》がった金属面に彫り込まれますが、蠟の原型に直接刻む場合もあったことは、法隆寺に伝来した丙寅《へいいん》年銘の金銅仏(法隆寺献納宝物)の銘を調べるとわかります。

これまでわかったことは、銘の内容とは何の関係もありませんが、それだけにかえって銘の真正性《しんせいせい》を保証する事実といえます。私はこの事実にゆき当たって、はじめてこの銘を自信をもって評価できるようになりました。読者のみなさんも、おそらく納得されることでしょう。そうなるとこの銘は、数ある太子関係の史料の中で、最も信頼できる同時代の史料となります。太子の最期に関わる史料であるにもかかわらず、太子の生涯を語る最初にこの銘文を持ち出した理由はそこにあるのです。

二　銘文を読んでみよう

「法興」は正式な年号？

ではこの銘《めい》を起点にどのようなことが言えるでしょうか。もう一度はじめに立ち戻って、銘の内容を詳しく見ていきましょう。銘の大体の内容は先に紹介したので、これからは太子の伝記に関わることを重点的に取り上げます。

まず最初は「法興元　卅一年」《ほうこうげんさんじゅういち》です。これは法興という年号の三十一年、西暦六二一年に相当します。この年号は『日本書紀』にまったく出てこないので疑った人も多く、銘を縁《えん》起《ぎ》と考える根拠の一つにもされてきました。しかし銘が当時のものとわかった現在、もっと掘り下げて考えねばならないと思います。

この法興の法は、当然仏法《ぶっぽう》、つまり釈迦《しゃか》の説いた教えのことでしょう。仏法が興隆《こうりゅう》する時代、それが法興です。年号というのは時間、時代に名前を付ける行為で、領土と同時に時間も支配する中国の皇帝が、自分の支配する時間に名付けはじめたのが起こりです。日本では六四五年の大化《たいか》が最初とされ、その後年号のない時期もあって、七〇一年の大宝《たいほう》以降、現在まで続いています。ただ、中国でもそうですが、皇帝(天皇)が勝手気ままに時代の名を変えることはなくなり、中国では明《みん》代から、日本では明治から、一人の君主が一つの年号を生涯使うようになりました。中国とは別に独自の年号を建てることは、中国皇帝の統治を認めない反逆行為ですから、日本のように古くから固有の年号を使い続けた国は珍しく、しかも今では全世界で唯一の年号使用国です。

ところで反逆行為と言いましたが、正式な年号があっても、政治上あるいは思想上の理由から違う年号が使われたこともあります。それらはひっくるめて私年号《しねんごう》と呼びますが、さきの法興もその一つで、最古のものとされてきました。当時、公式の年号はなかったわけですから、広い意味で私年号と言っても差支えはないでしょう。ただこれが太子関係の史料に現れるだけだからといって、まったく私的なものとしていいかどうかは疑問だと思います。

仏教興隆の時代の年号

法興ということでまず思い出されるのは、日本最初の本格的な寺院、飛鳥寺《あすかでら》すなわち法興寺です。法興年号は、この法興寺の造営と関わりがあると言われたこともありますが、崇峻《すしゅん》四年(五九一)に当たる法興元年は、法興寺の造営《ぞうえい》途中で、格別意味があるとは思えません。むしろこの時代が、仏教公伝《こうでん》(五三八)から半世紀を経過し、本格的に仏教への信仰が盛り上がってきた時代だったことが注目されます。

たとえば推古《すいこ》天皇が出したという三宝興隆《さんぽうこうりゅう》の詔《みことのり》などはそのよい例です。天皇は聖徳太子と蘇我馬子《そがのうまこ》に命じ、推古二年(五九四)に仏教を盛んにするようにという詔勅《しょうちょく》を出しました。ほんとうにこういう命令が出されたのかどうか、出されたとしても、それが確かに推古二年のことだったのかどうか、疑いもないわけではないでしょう。しかし三十年後の推古三十二年(六二四)に寺院の数が四十六にのぼったという『日本書紀』の記事を見れば、たとえ年月は違っていても、こうした奨励策《しょうれい》が出た結果、造営事業が活発になっていったと認めてよいように思われます。

おりしも中国では、隋《ずい》の文帝《ぶんてい》が即位し、仏法紹隆《しょうりゅう》の詔勅を出しています。「紹隆」は「つぎおこす」という意味で、最初の詔が開皇元年《かいこう》（五八一）に出され、同四年、八年にも同じような趣旨《しゅし》のものが出されました。このうち開皇十一年の詔は、推古朝の詔勅の三年前に当たるので、隋の政策が影響したと見る研究者もいますが、この時に限って影響があったとする理由も見当たりません。直接の関係はないと考えるべきでしょう。ただ朝廷は隋の仏教興隆策を歓迎していたようで、推古十五年（六〇七、隋の大業《たいぎょう》三年）に派遣された遣隋使《けんずいし》には次のように言上《ごんじょう》させています。

聞く、海西《かいせい》の菩薩天子《ぼさつてんし》、重ねて仏法を興《おこ》すと。故《ゆえ》に遣《つか》わして朝拝《ちょうはい》せしむ。

ここで「海西の菩薩天子」と呼ばれているのは、隋の初代皇帝、文帝のことです。文帝は菩《ぼ》薩戒《さつかい》という仏教の戒律を授かっていたのですが、その政策は、前の王朝で行われた廃仏《はいぶつ》の傷跡を回復させる意味がありました。仏教信仰に熱心な倭国《わこく》は、これを好機ととらえ、大量の留学僧を送りこみます。まさに「法興」の時代が到来《とうらい》したということでしょう。

朝鮮半島《ちょうせん》の新羅《しらぎ》では、継続してではありませんが、これに先だって独自の年号が使われています。当然、倭国《わこく》にも年号というものは知られていたはずです。推古朝を中心に法興年号が使われたのも、こう見てくると不思議なことではありません。推古天皇をはじめ蘇我馬子らが、仏教興隆の時代が到来したことを記念し、さらにその展開を期して定めたのが、この法興年号だったと考えていいでしょう。

『日本書紀』編纂者の考え

しかしそういう事情があったのなら、なぜ『日本書紀』が書かないのか、疑問に思われる読者もあると思います。実は『日本書紀』の推古紀には、倭国古来の神祇《じんぎ》祭祀《さいし》、つまり神々の祀《まつ》りに関する詔勅が載っています(推古十五年、六〇七年二月)。それによると、祖先たちが神を尊《とうと》び丁寧に祀ってきたからこそ、世の中は平穏に治まってきた、自分の治世《ちせい》でも怠《おこた》ることがあってはならないので、臣下たちも「心を竭《つく》して神祇を拝《はい》」しなさい、というのです。この詔勅は、仏教興隆が唱えられた一方、神祇の崇拝《すうはい》もおろそかにされなかったということで、古くから有名なのですが、これはいかにもできすぎという感じがしないでもありません。

一番の問題は神祇が祀られた日が二月十五日だったことでしょう。この日は釈迦《しゃか》が亡くなった涅槃《ねはん》の日なのです。坂本太郎氏が気づいたように、これは偶然ではなく、『日本書紀』の編纂《へんさん》者が、わざとこの日に神祇の祀りが行われたように作為《さくい》したものに違いありません。天皇や太子、馬子が、決して神祇をおろそかにはしていなかったことを示すためです。実際、推古紀の記事を見わたしても、仏教の信仰や制度に関わるものが大半で、神さまと言えばただ一回、推古七年に地震の被害があり、諸方で地震の神を祀らせたのが見える程度です。仏教関連記事の氾濫《はんらん》を気にした『日本書紀』編者が、わずかでもそれを挽回《ばんかい》しようと、涅槃会《ねはんえ》の日に重ねて神祇礼拝の記事を盛り込んだのでしょう。

そうなるとこの記事は、逆の意味でおもしろい事実を我々に語ってくれます。推古紀に数多い崇仏《すうぶつ》や仏像、寺院、僧尼《そうに》などの記事は、実際に編者の手もとに集まった材料をもとにしたもので、まんざら虚偽《きょぎ》ではないだろうということです。編者は神祇礼拝の記事を付け加えたぐらいですから、仏教関連の記事を、さらに水増《みずま》ししたとは考えられません。法興年号のことも、歴史を書く材料として把握《はあく》されていたのに、むしろそれが仏教偏重を気にした編者の手によってわざと落とされた可能性も、こう見てくるとありそうです。『日本書紀』に法興年号が出てこないのも不思議ではないように思います。

「干食」はなんと読む？

さて銘文は、この法興三十一年（六二一）も押しつまった十二月に、鬼前太后《たいこう》が亡くなったこと、明けて正月二十二日に上宮法皇（太子）が病に倒れ、ついでその妃《きさき》だった干食王后《かしわでおうこう》（膳妃《かしわでのきさき》）も病《や》み臥《ふ》し、二月の二十一日に妃、二十二日に太子と相次《あいつ》いで亡くなったことを記しています。

ここでその母と妃について説明しておくと、太子はすでに見たように、敏達《びだつ》三年（五七四）、のちの用明《ようめい》天皇とその后《きさき》、穴穂部間人《あなほべのはしひと》皇女の子として誕生しました（巻頭系図参照）。この皇女が銘文の「鬼前太后」に当たります。なぜ「鬼前」と呼ばれたのか、実際になんと読むのかはわかっていません。鬼前をカミサキと呼んで「神前」と解する説もありましたが、間人皇女がそう呼ばれた証拠がなく疑問です。後に出てくる「干食王后」という書き方からすると、かなりひねった難しい表記で、簡単には解けないのではないかと思えますが、おそらくハシヒトと読むのでしょう。

その干食王后も長らく謎とされてきました。「干食」は上の文章の続きで、妃の名は記されていないとする説もあったぐらいです。しかし先にも書いたとおり、この銘文は格調高い漢文で書かれ、字数を整えることにも熱心です。主な登場者は、「上宮法皇」のように、正式称呼《しょうこ》が四字でまとまっていると考えるべきでしょう。「鬼前太后」しかり、「干食王后」しかりです。この考えがまちがっていなかったことは、二〇〇三年に奈良県の石神遺跡《いしがみいせき》から見つかった飛鳥《あすか》時代の木簡《もっかん》によって確かめられました。木簡というのは、おもに古代に筆記用具として使われた木の札を言います。その木簡に次のような記載が見られたのです（裏面は省略）。

鮎川五十戸丸子部多加
□(大)鳥連淡佐充干食同五□□(十戸)三枝部□

〔（　）内は、そう読めそうな文字〕

これは地方から二人一組で徴発《ちょうはつ》され、中央で労役《ろうえき》についたヨボロ（仕丁《しちょう》）の名前を、丸子部多加、大鳥連淡佐などと、表裏に列記した木簡です。労働の割りふりに使ったのでしょう。

この木簡について報告した市大樹氏は、釈迦三尊の銘文に膳妃が「干食王后」と記されているので、木簡の「干食」もカシワデと読むのであり、二人一組の内、炊事を担当するヨボロを意味するとしました(『木簡研究』二五号、二〇〇三年)。この木簡と銘文を最初に結び付けたのは実は私ですが、銘の読み方によって木簡の干食がカシワデと読めるというのは話が逆です。

カシワデというのは、炊事をつかさどる人のことです。膳妃《かしわでのきさき》の出た膳氏も、もとは朝廷の料理を担当する家柄でした。奈良時代になると、炊事《すいじ》担当のヨボロは「干」とだけ記されていて、これまでその由来は不明だったのですが、この発見によって、それは干食の省略形とわかりました。

奈良時代の干は炊事掛のカシワデで、その古い形が干食だから、永らく懸案《けんあん》だった「干食王后」が、「カシワデ(膳)王后」にまちがいないというのが正しいのです。

相次いで亡くなった「三主」への思い

ところで銘文が、法興三十一年の穴穂部間人皇女《あなほべのはしひと》の死から記述をはじめたのは、なぜでしょうか。それは間人皇女の死を前触れに、太子、膳妃が短時日《じじつ》の間に亡くなってしまったことによります。銘文では太子の病を機に、王后や王子がその平癒《へいゆ》を祈って太子と等身の釈迦如来像を作ることを誓願《せいがん》したこと、しかしそれが実現する前に太子や妃が没してしまい、その後で追善《ついぜん》のための像としてできあがったことを記したあと、次のように言っています。

願を立てたとおり仏像をつくるという、この僅《わず》かな功徳《くどく》で、生き残った我々も平穏でありますように。またいく度生まれ替わっても、三主《さんしゅ》に随従《ずいじゅう》して彼岸《ひがん》に行けますように。

この「三主」は、間人皇女、太子、膳妃という三人の主人に他なりません。太子周辺の人々は、三人の連続的な死をそれだけ運命的なできごとと感じていたのでした。こうした銘文の内容から言っても、この釈迦三尊は太子を記念するまたとない作品です。後でもふれますが、太子にはほかに三人の妃がありました。しかし銘文に出てくるのは膳妃だけです。もっとも干食王后はまちがいなく膳妃だとしても、その膳妃が病臥《びょうが》したという記述の後に出てくる「王后」は別の妃を指すと見る説もないではありませんが、銘文の文体が整った漢文であることを考えれば、そういう解釈は成り立たないでしょう。銘の作文者は、最初「上宮法皇」「干食王后」とフルネームで挙げ、続く文中では「法皇」「王后」と略称しています。もし王后が別人なら、こうした文章では、それとわかる形でやはりフルネームを出したでしょう。

ちなみに「王后」「王子」や「王身」の「王」は、みな太子を指し、それぞれ太子の后、太子の子、太子の身体を意味します。「王身」の「王」を釈迦だとする人もいますが、それでは「王」が二つの意味を持つことになり、こういう厳格な漢文では考えられないことです。太子単独では「法皇」と呼ばれていますが、それを繰り返して「法皇后」「法皇子」「法皇身」などとすると、くどくなり、漢文で尊重される二字、四字の熟語にもなりません。それなら「皇后」「皇子」「皇身」でもいいのではないかと思われるかもしれませんが、奈良時代前半ごろまで、「皇」と「王」は発音も意味も同じ字として、同じように使われました。「皇」が天皇と強く結びつくのは、律令制《りつりょうせい》が十分浸透する奈良時代以降のことです。奈良時代初めの長屋王家《ながやのおうけ》木簡《もっかん》でも「皇子」と「王子」が区別せずに使われているくらいです。画数の多い「皇」が、より敬意のこもった書き方として、太子だけに使われたのでしょう。太子の場合の法皇も、ほかの史料では「法王」がふつうです。ここまで読んできたみなさんには、

「法皇という称号は、天皇号にヒントを得たものだから、この銘文は天皇号ができた七世紀後半以降のものだ」という福山敏男説は当たらないことがわかると思います。

膳氏による供養

この銘文で「三主」の一人に数えられた妃は、四人ある太子の妃のうち、膳氏出身の膳菩岐々美郎女でした。ほかの三人は、菟道貝蛸皇女《うじのかいたこ》(敏達・推古夫妻の娘)と蘇我刀自古郎女《そがのとじこのいらつめ》(馬子の娘)、それに王族の橘大女郎《たちばなのおおいらつめ》(敏達・推古夫妻の孫)です(巻頭系図参照)。この三人やその一族の人々が銘文に現れないのは、この釈迦三尊が膳妃とその子供たちを中心に、膳氏主導で作られたことを示すでしょう。菟道貝蛸皇女は、ほとんど史料に見えず、子供も現れないので、早くに亡くなっていたらしく、刀自古郎女も、四人の子を残して没していたと思われますが、少なくとも橘大女郎は在世していて、太子の逝去《せいきょ》を機に、後でもふれる天寿国繡帳《てんじゅこくしゅうちょう》を発願《ほつがん》したとされますから、こちらの企《くわだ》てにはあずからなかったのでしょう。なおこの妃には、男女一人ずつの子がありました。

こういうことを問題にするのは、この釈迦三尊が最初どこに安置《あんち》されたのかがわからないからです。法隆寺のことは後で詳しく取り上げますが、太子が生きている間に建てられた法隆寺は、太子の死から四十八年後の六七〇年に全焼し、その後七〇〇年前後にかけて再建されています。したがって、この像は造られてすぐに法隆寺に置かれたのではなく、再建される過程でどこかから移されてきて本尊にされたと考えられます。膳氏ゆかりの像となれば、膳氏の建てた法輪寺《ほうりんじ》に最初あったと見るのが妥当《だとう》ではないでしょうか。

念のため付け加えると、膳妃の生んだ子供たちは、春米女王《つきしね》以下男女八人で、太子の後継ぎとして有名な山背大兄王は蘇我刀自古郎女の子であるため、含まれません。山背大兄王は腹違いの春米女王を妻にしていたので、間接的に関わったかもしれませんが、膳妃追悼《ついとう》の色が濃いこの造像には局外者でなかったかと考えます。山背大兄王とその同母の兄弟姉妹も、父太子のために仏教的な祈りを捧げる事業を行ったと思いますが、その痕跡は、さきにふれた法隆寺の焼失や、なにより山背大兄王一族の自決《じけつ》とその宮の焼亡(六四三)によって失われたと見るべきでしょう。

三　銘文からわかること

太子と当時の知識人

では最初に戻って、この釈迦《しゃか》像《ぞう》の銘文《めいぶん》は、太子の生涯を考える上に、どのような意味をもつでしょうか。まず大切なのは、銘文で使われている「法皇《ほうおう》」という呼び名です。法皇が法王と同じなことは先に書きました。法王は経典《きょうてん》によく出てくる言葉で、ふつうは釈迦その人を指しますが、ここは太子が仏教に深い理解をもっていたために、やはり仏教への造詣《ぞうけい》が、周囲の注意をひきつけてやまないほど、並はずれていたと考えねばなりません。法王と言われたからといって、太子が釈迦になぞらえられていたと見るのは行き過ぎだと思いますが、この法皇という称号は、数多く伝えられている太子の仏教関係の事績《じせき》を評価する前提として、心にとめておくべきだと思われます。

次に、太子の人となりとは直接結びつきませんが、太子が生きた時代を知る上で、銘文のもつ意義は小さくありません。すでに法興《ほうこう》年号のことはふれましたが、字句以外にも、この銘文のスタイルそのものも見逃せないところです。この銘文は一行十四字、全十四行に収まるよう作文され、正方形になるよう刻まれていました。このように凝《こ》った文章は、中国では死者とその近親《きんしん》を悼《いた》む墓誌《ぼし》の銘文にふさわしいと言えますが、それが崩《くず》れもみせず完璧《かんぺき》な漢文にしあがっているのは驚くばかりです。

こうした漢文を当時のすべての人が書けたとはもちろん考えられず、仏教的教養を持つ知識人、たとえば太子周辺にいた朝鮮《ちょうせん》半島出身の僧侶《そうりょ》などが筆をとったとみるべきです。しかしそれにしても、このように高度の漢文文化が、朝廷に受け入れられていたことは注意しなければなりません。これは太子の教養や行動を考える時の前提になるからです。

しゃれた落書

またこれほど高度ではない一般向きの実用的な漢字を操《あやつ》る技術も、すでに広がりを見せていたことが、同じこの釈迦三尊からわかります。というのは、この三尊の載っている大きな台座には、内面に墨書《ぼくしょ》が残っているのです。それには二つのグループがあって、それぞれ次のような内容です。

①相見可陵面未識心陵可
（相見《あいみ》る可陵《かりょう》の面、未《いま》だ識《し》らず可陵の心）
②辛巳《しんし》年八月九日作□□□□
③留保分七段
書屋一段
尻官三段　ツ支与三段
（法隆寺昭和資財帳編纂所《しょうわしざいちょうへんさんじょ》『伊珂留我《いかるが》』十二号、十五号、一九九〇年、一九九四年）

①は上段の台座の内側向かって右側面、②③は下の台座の下框《したがまち》上段に記されていて、一九九〇年前後までは存在自体知られていませんでした。しかしこれらの墨書は、いったん台座ができて組み上げられると書きにくいもので、最初からあったものにまちがいありません。台座そのものは釈迦三尊と一体の作りですし、墨書の書きぶりも古いものですから、光背《こうはい》の

銘文とも同時期と考えられます。

問題はこれらの墨書の性格ですが、①は斜めに書かれていることや、別に絵などもあることから、落書と判断できます(図4)。これについては別に書いたことがあるので詳しくは述べませんが(『大和古寺の研究』塙書房、二〇一一年)、外から見えないのをいいことに、台座製作に関わった技術者が落書したのでしょう。内容は、可陵《かりょう》(迦《か》陵頻伽《りょうびんが》)という仏教の天人《てんにん》(人面鳥身《じんめんちょうしん》)にかこつけて、美しい女性の心がわからないという字句を文字遊び風に書いたものです。技術者といっても、この場合は無学な職人というイメージは当てはまりません。最新の技能を身に付けた相応の知識人というのが、正しいでしょう。先進技術の習得には、ある程度、文章、算術の知識が必要とされました。平安時代にかけて、大工や画師《えし》の人たちによる落書が、法隆寺、醍醐寺《だいごじ》、平

図4　釈迦三尊像の台座の裏側に書かれた落書(写真提供 小学館)

等院など、多くの堂塔《どうとう》から見つかっている事実が、それを物語っています。

メモ書きからわかる漢字の用途

その点、②③のほうは、より純粋な史料といえます。このような用途が、漢字漢文にはあったのだということがよくわかるからです。②③は台座の内側に記されていますが、①と違って台座ができる過程で書かれた墨書ではなく、すでに文字のあった材を台座に使ったものです。②の「辛巳年」は間人皇女の亡くなった年で、何かの製作について記したもの、③ははっきり意味のわからない、「尻官」などといった言葉もありますが、段という単位で表される絹か麻布などの品の出し入れを書き留めた記録と考えられます。おそらくもとは倉庫の部材で、その中に納められていた繊維製品に関係するのでしょう。紙に書いた正式な帳簿《ちょうぼ》も作られたでしょうが、当座《とうざ》の記録はこういう形をとったものと思われます。釈迦三尊が膳氏の勢力下で作られたとすると、この部材はその膳氏の管理していた倉庫のものだった可能性があるでしょう。

文明が開けるにつれて、人や物の動きを正確につかまえることが益々《ますます》必要になりますが、独自の文字がまだ発明されていない倭国《わこく》では、それには漢字を使いこなすことが求められます。その動きはすでに六世紀から始まっていたことが確かめられ、朝廷の支配する屯倉《みやけ》では、のちの戸籍の前身になる帳簿が作られていました。しかし数字を含む漢字の働きは、そういう統治《とうち》の分野だけにとどまらず、たとえば寺院の造営や維持、皇族や貴族の家政《かせい》管理にももちろん欠かせません。②③の墨書は、そういう実際的な面でも、漢字の使用が行きわたっていたことを示すと言えるでしょう。

聖徳太子の身に付けていた教養も、こういう周辺の状況を踏まえた上で理解していかなければならないのです。そう考えると、この釈迦三尊像は、まさに太子の一生を知るための原点と言って差支えないでしょう。

第二章

太子はどんな政治をしたのか

百円札に描かれた聖徳太子の肖像．1944–46年に使われた「い号券」と呼ばれる紙幣

一　太子の立場

『日本書紀』にある太子の事績

太子が大きな存在感を持った人物だったことは、釈迦《しゃか》三尊《さんぞん》の銘文《めいぶん》で明らかですが、政治家としてはどうだったのでしょうか。この問題に限りませんが、太子のいろいろな面を検討するには、やはり序章でもふれた太子の伝記資料を読みこむことが必要です。それらにしか具体的な記述はないからです。用心深くその真偽《しんぎ》を確かめながら、いよいよ太子の人物像に踏み込んでいくことにしましょう。

太子の伝記資料としてまとまっているのは、なんといっても『日本書紀』です。政治家としての太子像に限りませんが、太子のイメージ作りに果たしてきた役割は絶大でした。そこでまず『日本書紀』が語る太子の姿を見ていくことにしましょう。

太子が十四歳になった用明《ようめい》二年(五八七)、権力者物部守屋《もののべのもりや》と蘇我馬子《そがのうまこ》が、それぞれ味方を募《つの》って戦った時、太子は馬子方について守屋を敗死させます。その後、朝廷の実権を握った馬子が、崇峻《すしゅん》天皇を暗殺(五九二)、その動揺を収めるため馬子はじめ群臣に推《お》されて即位した推古《すいこ》天皇(もと敏達《びだつ》天皇の皇后)のもとで、太子は皇太子に立てられ、天皇の職務を代行することになります。

この推古朝という時代は、中央集権を目指してさまざまな新施策が出された時期でしたが、『日本書紀』は、太子が直接関わった主な政策として、次の四つを挙げています。

A　仏教の興隆《こうりゅう》
B　十七条憲法の作成
C　仏典の講義と注釈
D　天皇記・国記の編纂《へんさん》

天皇や馬子とともに行った仕事も含まれ、太子の単独の仕事としては、後で述べるようにBとCだけになるのですが、推古朝になって、太子が諸皇子の中でも特別な地位に立ったことは認めてよいでしょう。しかし『日本書紀』の言うとおりだったかどうかは、別に検証しなければなりません。その前提として、太子の血縁関係を見ておきましょう(巻頭系図参照)。

太子の血統と馬子との関係

太子の父用明《ようめい》天皇の父親は欽明《きんめい》天皇、母は蘇我稲目《そがのいなめ》の娘、堅塩媛《きたしひめ》でした。堅塩媛は馬子《うまこ》の姉妹です。このように太子は父方から蘇我氏の血を受けているわけですが、それだけではありません。太子の母、穴穂部間人皇女《あなほべのはしひと》も欽明天皇の娘で、堅塩媛の妹、小姉君《おあねきみ》を母としています。太子は血統上はまぎれもなく蘇我系の皇子だったのです。第一章で見たとおり、太子には四人の妃《きさき》が知られていますが、その一人、かなり年かさの妃は、蘇我馬子の娘、蘇我刀自古郎女《そがのとじこのいらつめ》でした。刀自古郎女は、太子の長子、山背大兄王《やましろのおおえ》の母なので、太子一族は蘇我氏の一部といってよいくらいです。もちろん血統や婚姻関係だけで、政治的な立場が決まるわけではないことは、太子没後起こった蘇我入鹿《そがのいるか》(馬子の孫)による山背大兄王襲撃事件からも明らかですが、態度決定の大きな要因になることは確かでしょう。

はるかに年長の馬子という実力者のもとで成長した太子が、基本的に蘇我氏の持ち駒の一つという立場にあったことは否定できないと思います。実のところ馬子の年齢は正確にはわからないのですが、物部守屋との戦《いく》さの時、すでに壮年《そうねん》だったはずで、太子とは親子ほど年の差があったと見るべきでしょう。よほどのことがなければ、馬子にさからって何かを企《くわだ》てるという力はなかったと思います。

そう考えると、太子はどれだけ主導権を発揮できたのかと疑われるのですが、その点については、太子の伝記資料の中でも信頼性の高い『法王帝説《ほうおうていせつ》』に、次のように書かれているのが注目されます。

小治田宮《おわりだのみや》に御宇《あめのしたしろ》しめしし天皇の世、上宮厩戸豊聡耳命《じょうぐうのうまやとのとよとみみのみこと》、嶋大臣《しまのおおおみ》と共に天下の政《まつりごと》を輔《たす》けて三宝を興隆《こうりゅう》し、元興《がんごう》・四天皇〔王〕等の寺を起《た》つ。爵十二級《しゃくじゅうにきゅう》を制す。

つまり、太子は蘇我馬子と一緒になって仏教を盛んにし、元興寺（法興寺）、四天王寺《してんのうじ》などの寺を建て、また十二階の冠位を定めた、ということです。これが推古朝政治の実態だという意見は、これまで多くの人が述べています。おそらくそれが妥当《だとう》なところでしょう。しかしそれにしても、馬子との共同統治と言われるぐらい、太子がほかの皇族たちと違う、一歩抜きんでた存在だったと考えていいのでしょうか。これは太子が「皇太子」になって政務を代行したという伝えとも関係してきます。

太子は「皇太子」だった？

皇太子に立てられたことを記す『日本書紀』の文章は次のようなものです。

厩戸豊聡耳皇子《うまやとのとよとみみのみこ》を立てて皇太子となす。仍《よ》りて政を録摂《ろくせつ》し、万機《ばんき》を以《もっ》て悉《ことごと》く委《ゆだ》ぬ。

ここで古代の皇太子についてまず見ておくと、その制度ができるのは、聖徳太子の活躍した時代よりも百年近く後、持統《じとう》三年(六八九)に頒布《はんぷ》された飛鳥浄御原令《あすかきよみはらりょう》からです。その規定によって最初の皇太子となったのは、天皇の孫、軽皇子《かるのみこ》(のちの文武《もんむ》天皇)でした。

なお、この皇太子制の前身として、六世紀ごろから「大兄制《おおえ》」が存在したとする学説も提起され、一時はそれが定説化したこともあります。山背大兄王《やましろのおおえ》のように「大兄」と称せられる皇子が六世紀ごろから史上に現れますが、それらの人々はたいてい同じ母から生まれた兄弟の長子で、のちに皇位についた人も少なくありません。次の皇位継承予定者を「大兄」と呼んで特別な地位とする制度ができていたという考えです。しかしこれを制度とまで言えるかとなると、大兄と称された人にも皇位とは無縁な多数の例外を認めねばならず、「大兄制」があったとする意見は説得力に欠けるというべきでしょう。

それにもかかわらず、『日本書紀』が聖徳太子は「皇太子」になった、としているのは、『日本書紀』の編纂者が、律令制の皇太子という地位を、それが制定される以前の飛鳥時代にまでさかのぼって、当時の太子の立場に当てはめて使ったからだと、多くの研究者が考えてきました。『日本書紀』ができる段階で、太子の「皇太子」就任をどう位置づけていたかはわかりませんが、少なくとも律令制の皇太子が念頭にあったとみるのは妥当と思います。

また、『日本書紀』の記述をそのまま受け取れば、太子は天皇にかわってすべての政務をとり仕切ったことになるでしょう。しかし『日本書紀』そのものを見わたしても、推古天皇の命令が単独で出てくることは珍しくなく、太子がすべてを代行していた風には見えません。政務を「録摂し」（執《と》り行い）、「万機」（天皇の行う政治）をすべて任されていたというのはオーバーです。なお、律令制下の皇太子でも、天皇の政務を代行するのは天皇不在の時などに限られ、天皇とならんで政治を執ることはありません。むしろ次の天皇予定者という色彩が強い地位と言ったらいいでしょう。軽皇子《かるのみこ》の立太子も、皇位継承者を明示する意味があったと考えられます。

ミコノミコトという立場

聖徳太子が皇太子になったとは認められないとすれば、『日本書紀』はまったく根も葉もないことを捏造《ねつぞう》したのでしょうか。どうもそうではなく、ヒントになった事実はあったと思います。それは太子を指すミコノミコトという称号です。たとえば『法王帝説』や『日本書紀』に、次のような例があります。

王命《みこのみこと》、幼少にして聡敏《そうびん》、智《ち》有り。（『法王帝説』）

王命、能《よ》く涅槃常住《ねはんじょうじゅう》、五種仏性《ごしゅぶっしょう》の理を悟る。（同右、図1）

厩戸豊聡耳皇子命《うまやとのとよとみみのみこのみこと》、斑鳩宮《いかるがのみや》に薨《こう》ず。（『日本書紀』）

「王命」「皇子命」と文字遣いは違っても、読みはミコノミコトです。「王命」という文字遣いは大変珍しく、ただちにこれをミコノミコトと読める人は、過去にも多くなかったでしょう。平安時代後期にできた『法王帝説』の写本でも、「王ニ命ズラク」と、まちがった読み方をしているぐらいです。しかし皇子皇女などを表すミコを「王」一文字で書くことは、たびたび言うように、奈良時代初めごろまでは少なくありませんでした。『古事記』に実例がありますし、奈良時代初頭の長屋王家《ながやのおうけ》の木簡《もっかん》にも、たくさん例が見つかります。しかも『法王帝説』にこういう古い書き方が見えることからすると、太子は七世紀代からミコノミ

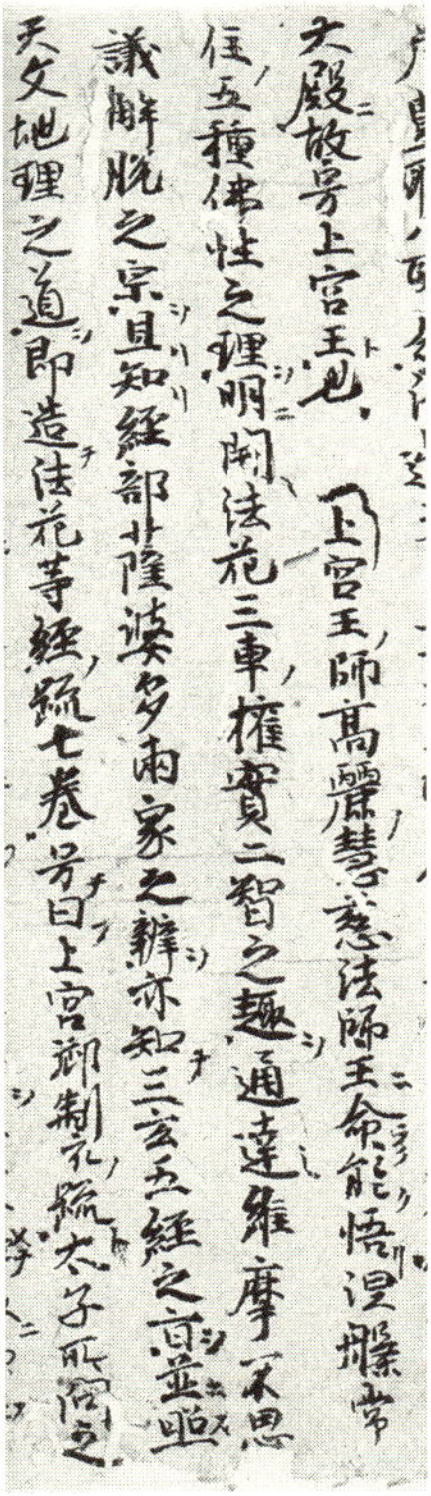
太殿故号上宮王也 上宮王師高麗慧慈法師王命能悟涅槃常
住五種佛性之理明開法花三車權實二智之趣通達維摩不思
議解脱之宗且知経部薩婆多両家之辨亦知三玄五経之旨並照
天文地理之道即造法花等経疏七巻号曰上宮御製疏太子所問之

図 1 『上宮聖徳法王帝説』の一部(古典保存会複製による). 1 行目の下の方に「王命」とあるが,「王ニ命ズラク」と誤った読みがついている

コトと称されていたことになります。

歴代のミコノミコトたち——中大兄皇子

ミコノミコトは重要な言葉なので、もう少し詳しく見てみましょう。事実、ミコノミコトという称号そのものが、奈良時代にはほとんど使われなくなる特殊なものです。史料から拾ってみると、太子を除いてミコノミコトと呼ばれたのは左の四人の皇子に限られます。

中大兄皇子《なかのおおえ》(六二六—六七一)
草壁皇子《くさかべ》(六六二—六八九)
高市皇子《たけち》(六五四?—六九六)
安積《あさか》親王《しんのう》(七二八—七四四)

いずれも古代史上有名な人たちばかりですが、まず中大兄皇子は、舒明《じょめい》天皇の子で、言うまでもなく大化改新《たいかのかいしん》の立役者《たてやくしゃ》、孝徳《こうとく》朝では「皇太子」になったとされ、のちに即位して天智《てんじ》天皇となります。孝徳・斉明《さいめい》朝には、天皇の権力を代行した実力者といえるでしょう。この人がミコノミコトと言われたことは、『万葉集』に「中皇命《なかつみこのみこと》」と見えることでわかります。

中皇命は、孝徳朝から斉明朝にかけて、五首の歌を残していますが、うち三首は女性の歌であることから、かつては中皇命をナカツスメラミコトと読んで、孝徳天皇の后、間人皇女《はしひとの》(太子の母の穴穂部間人皇女《あなほべのはしひと》とは別人)か、または中大兄皇子の母、斉明天皇と見るのが一般的でした。スメラミコトというのは、天皇の昔の読み方です。

しかしスメラミコト(天皇)という言葉を、「皇命」と書き表した例は、ほかに見当たりません。一方すでにふれてきたとおり、ミコ(皇子、王)は「皇」とも書かれるので、「皇命」もミコノミコトと読めます。「中皇命」はナカツミコノミコトと読むほうが、はるかに自然でしょう。三首の女性歌も、斉明女帝の作歌という異伝がありますし、女帝になりかわって代作することも考えられます。

中皇命については、昔からずいぶん込み入った研究の歴史があり、最近はナカツミコノミコトとしても、やはり間人皇女なのだとする説もありますが、ほかのミコノミコトは男性ばかりですし、間人皇女なら大后と呼ばれるでしょう。そういうわけで、中大兄《なかのおおえ》はナカツミコノミコトとも呼ばれていたと考えられます。

草壁《くさかべ》・高市・安積の各皇子

草壁皇子については、『日本書紀』や『万葉集』に、日並知皇子命《ひなみしのみこのみこと》、日並皇子尊《ひなみしのみこのみこと》などと出てきます。この皇子命もミコノミコトであることは言うまでもありません。この皇子は天武《てんむ》天皇とその皇后鸕野讃良《うののさらら》皇女（のちの持統《じとう》天皇）の間に生まれ、やはり「皇太子」として将来の即位が期待された人物でしたが、天武天皇が没してまもなく、若くして亡くなってしまいます。天武朝には父天皇が絶対的な権力を振るっていましたから、草壁皇子が政治家としてどの程度の力を持っていたのかは明らかではありませんが、このミコノミコトが皇子にとって次の皇位を約束する地位だったことは確かでしょう。

高市《たけち》皇子は草壁皇子の異母兄ですが、母の身分が卑《いや》しかったため、天武の継承者として名が挙がることはありませんでした。しかし壬申《じんしん》の乱で父天武（当時は大海人《おおあま》皇子）を助けて近江方《おうみがた》を破るなど、人を統《す》べる力量に富み、継母持統天皇の治世後半に、太政大臣《だいじょうだいじん》に任じられて国政に重きをなしました。いつからそう呼ばれたかはわかりませんが、草壁皇子に対して「後皇子尊《のちのみこのみこと》」（『日本書紀』『万葉集』）と呼ばれています。亡くなった直後にできた柿本人麻呂《かきのもとのひとまろ》による壮大な長歌にも、この称号が詠みこまれ、皇子の子に当たる長屋王の邸宅跡からも、「後皇子尊」と書いた木簡が出ています。高市皇子が任じられた太政大臣は、のちの大宝律令下のそれがいわば名誉職的なものだったのとは異なり、実際に政治を指導する最高の職でした。これより以前、天智天皇の晩年、天皇がその子、大友《おおとも》皇子を太政大臣に任じた例がありますが、これはすでに病に臥《ふ》した天皇が、政治の実権を大友皇子に譲り、次の天皇にしようとした結果です。高市皇子も、その意味では天皇権力の一部を代行する地位にあったと見てよいでしょうし、持統天皇に先だって没しなければ、次の皇位にも近い存在だったと言えます。

最後の安積《あさか》親王は、これまでの人々が七世紀代の皇子だったのに対し、唯一奈良時代にミコノミコトと呼ばれた人物です。この皇子は聖武《しょうむ》天皇を父としていて、聖武の子供たちには成長した皇子がいなかった中で、唯一人、十代後半まで健在だった人です。十七歳で急病死したため、有力な皇位継承者となるのを恐れた藤原氏によって毒殺されたと考える研究者もあるほどです。この皇子が亡くなった天平《てんぴょう》十六年（七四四）、親しかった大伴家持《おおとものやかもち》が挽歌《ばんか》を残していますが、その中で家持は皇子のことを「皇子尊《みこのみこと》」と呼んでいます。当時聖武天皇と藤原氏出身の光明皇后《こうみょうこうごう》との間にできた阿倍内親王《あへないしんのう》(のちの孝謙《こうけん》・称徳《しょうとく》天皇)が皇太子に立てられていましたが、女性だったこともあり、安積親王をひそかに後継ぎと見るような風潮がなかったとは言えないでしょう。しかしこれまで見た皇子たちとは違い、家持の挽歌以外に、皇子をミコノミコトとした史料はありません。家持は、皇子を悼《いた》むに当たって、一時代前の柿本人麻呂の挽歌を念頭に、皇子をミコノミコトになぞらえたと考えるのが正しいでしょう。律令制がすでに定着しつつあった当時、ミコノミコトという地位が、前代のように実際に機能する場は、すでになくなっていたはずです。

ミコノミコトの性格

このように見わたしてみると、復古的《ふっこてき》な用法である安積親王の場合を除くと、ミコノミコトと呼ばれた皇子たちには、大まかに共通する性格が認められるように思われます。一つは次の皇位に大変近い立場にあったこと、もう一つは、程度の差はあっても、天皇の権限を代行したことです。聖徳太子は、いまのところ確かめられる最も古いミコノミコトですから、こうした性格は太子にも当てはめてよいでしょう。それどころか最古のミコノミコトとなれば、中大兄皇子以下の皇子たちのミコノミコトは、この太子の役割を手本にしたとも考えられます。

聖徳太子が確かに皇位に近い立場にあったことは、その長子の山背大兄王が、推古天皇の亡くなったあとの皇位継承に大きく関わったことから推《お》し量《はか》れるでしょう。推古天皇が後継者をはっきり指名せずに崩《ほう》じたため、山背大兄王と、敏達天皇の孫で蘇我馬子の娘を妻としていた田村《たむら》皇子(のちの舒明《じょめい》天皇)の間に皇位継承をめぐる紛争が起き、蘇我氏も二派に分かれました。結局それは蘇《そ》我蝦夷《がのえみし》の推した田村皇子の勝利に終わるわけですが、天皇の子でもない山背が大兄の称を持ち、最有力候補の一人となったのは、父の太子の地位を物語っています。

ただ太子が、ミコノミコトとしてどれほどの権力を保っていたのかは難しい問題です。具体的な事績《じせき》がわかる後代《こうだい》のミコノミコトたちを見ても、中大兄皇子のように天皇と変わらない指導力を発揮した人もいれば、草壁皇子のように皇位継承予定者という以外、あまり目立った働きの見られない人物もあります。高市皇子などは年齢も高く、草壁皇子亡き後の持統朝で、おそらく重要な決定にも参与《さんよ》したと思われ、いわば中大兄と草壁の中間的な立場だったのでしょう。ミコノミコトの政治力にも、こうした温度差があるとすれば、聖徳太子について一概《いちがい》にこうだったと決め付けることはできません。太子在世中の施策を点検してみるしかないでしょう。

二　十七条憲法と冠位十二階

十七条憲法は誰が作った？

太子の実際の地位を考える糸口としてまず取り上げたいのは、『日本書紀』に太子が一人で行ったと明記される施策で、主なものは次の二つです。

Ｂ　十七条憲法の作成（推古十二年四月条）

Ｃ　仏典の講義と注釈（推古十四年条）

このほかになお二つ、太子主導の小さな施策が見えますが、それらはＢに関連して後でふれましょう。

太子単独の主な仕事が二つでは少なすぎる、明記されていなくても、多くの推古《すいこ》朝の施策がそうだったのだという考え方もあるでしょう。しかしそれなら太子主導と明記された先の二つは何だったのか、この二つだけについて、とくに断る理由もないように思います。『日本書紀』がそれらに限って太子の事績《じせき》であると書いたのには、それなりの事情があったはずです。そこで二つを個別に検討してみようと思いますが、その前にこれらの施策の内容や意義を簡単に振り返っておきます。

Bの十七条憲法は、推古十二年(六〇四)に太子が作ったというもので、日本の法律の始まりとして有名ですが、国家の基本法というような性格はありません。実際は朝廷に仕える人々を対象にした十七箇条から成る心得です。勤務時間などにふれた条文もありますが重点は心構えを説くところにあります。次に挙げる各条の主文だけを見ても、それがわかるでしょう。

第一条　和をもって貴《とうと》しとなし、忤《さから》うこと無きを宗《むね》とせよ。
第二条　篤《あつ》く三宝を敬《うやま》え。
第三条　詔《みことのり》を承《うけたまわ》りては必ず謹《つつし》め。

第四条　群卿百寮《ぐんけいひゃくりょう》、礼をもって本《もと》となせ。
第五条　餐《さん》を絶ち欲を棄《す》て、明らかに訴訟を弁《わきま》えよ。
第六条　懲悪勧善《ちょうあくかんぜん》は古《いにしえ》の良典《りょうてん》なり。
第七条　人各任有《ひとおのおのにんあ》り、掌《つかさど》ること宜《よろ》しく濫《みだ》れざるべし。
第八条　群卿百寮、早く朝して晏《おそ》く退《まか》れ。
第九条　信は是《こ》れ義の本《もと》、事毎《ことごと》に信有るべし。
第十条　忿《いか》りを絶ち瞋《しん》を棄て、人の違うを怒《いか》らざれ。
第十一条　功過《こうか》を明察《めいさつ》し、賞罰は必ず当てよ。
第十二条　国司《こくし》・国造《くにのみやつこ》は、百姓《ひゃくせい》を斂《おさめと》ること勿《なか》れ。
第十三条　諸《もろもろ》の官に任ずる者は、同《とも》に職掌《しょくしょう》を知れ。
第十四条　群臣百寮は、嫉妬《しっと》有ること無かれ。
第十五条　私《わたくし》に背《そむ》き公《おおやけ》に向かうは、是れ臣の道なり。
第十六条　民を使うに時を以てするは、古の良典なり。
第十七条　夫《そ》れ事は独断すべからず。

この憲法については、用語の中に「国司《こくし》」というような後代の語が見えることや(第十二条)、豪族割拠《ごうぞくかっきょ》の時代にふさわしくない天皇絶対の思想が反映されていることから(第三条など)、太子の作であることを疑う意見が古くからありました。近年では言い回しに正統の漢文ではない表現があるのは、『日本書紀』の執筆者に特徴的な「倭習《わしゅう》」(和習《わしゅう》。日本風の訛《なま》り)だとして、『日本書紀』の編纂《へんさん》が行われた七世紀後半以降の作とする見解も出されています。

仏教尊重の時代ならではの憲法

しかし私は、そういう説を支持することに疑問を感じざるをえません。というのは、憲法の第二条に「篤《あつ》く三宝を敬え」(仏教をあつく信仰《しんこう》しなさい)とあり、続く第三条に「詔《みことのり》を承りては必ず謹《つつし》め」(天皇の命令には必ず従いなさい)という文が置かれているからです。律令制《りつりょうせい》が整ってくる七世紀後半以降には、仏教は尊崇《そんすう》されるものの、これを国家の管理下に置く体制も整えられ、何ものも超える権威とは見なされませんでした。七〇一年の大宝令《たいほうりょう》では、その中に僧尼令《そうにりょう》という章が立てられ、僧尼や寺院ははっきりと朝廷の管理するところとなります。

ところが憲法の第二条では、仏と法(仏の教え)と僧の三宝をあつく信仰するようにと言って、それを詔勅《しょうちょく》に従うことに優先させているのです。もちろん天皇も崇拝する仏や仏の教えが天皇より上に来ていいのですが、日本の律令制のたてまえでは、天皇や朝廷があってこその存在だったはずですし、僧にはある程度自治が認められていても、朝廷の統制を受ける立場でした。朝廷に仕える人々に示すなら、当然第三条が第二条の前に置かれてしかるべきでしょう。

なぜこうなったかと言えば、それはこの憲法が、前に述べた「法興の世」に作られたからに違いないと思われます。稀《まれ》に見る仏教尊重の時代であったからこそ、こういう構成の憲法がありえたので、『日本書紀』の編纂が進行する時代に作られた憲法だったら、二条と三条が入れ換わっていたはずです。これは、憲法が七世紀後半以降のものでない証拠になると思います。

文章に正式な漢文とは異なる訛《なま》りがあるという問題は、決定的な要素とはできないでしょう。倭習というのは便利な言葉ですが、その判断には危さがあることを忘れてはなりません。文法的にまちがっているから倭習と言ってしまえば簡単ですが、いつの時代、どの地域でも、言葉が文法どおりに書かれたり話されていないことは明らかでしょう。倭習と思われた表現や用語が、中国の文献から見つかるかも知れないし、見つかっても不思議ではないのです。ですから格にはずれた箇所があるからといって、時代や作成地を判断する決め手とすることには、私は慎重でありたいと思います。

この憲法が第二条に仏教崇拝を掲《かか》げていることは、飛鳥《あすか》時代に仏教が盛んだったことを知る我々には、異様さが目立ちません。しかし江戸時代までの儒学者《じゅがくしゃ》や神職などは、その仏教偏重《へんちょう》に敏感でした。その反応が『聖徳太子五憲法』で改訂されたもっともらしい「通蒙《つうもう》憲法」に表れていることは、序章で明らかにしたとおりです。中世から近世の知識人にとって、仏教偏重の第二条はなんとも落ちつきの悪い条文だったのです。これは仏教への管理が強まり、律令制の枠内に取り込まれた七、八世紀の人々にも同じだったでしょう。律令の背景にある根本理念が儒教であってみれば、違和感は強かったはずです。それにもかかわらず、『日本書紀』にこのような形で憲法が載せられているのは、たとえ細部の用語などに編者の手が加わっているにしても、大筋は飛鳥時代のものだったことを示していると思います。

確かにこの憲法には、当時としてはありえないような君主絶対の理念や体制が説かれています。ただこうした規定を漢文で作ろうとすれば、中国風の作文技法にのっとらざるをえません。それはさまざまな中国古典に基づく語句を組み合わせ、綴《つづ》り合わせていくやり方です。上から下に説き聞かせるという文章の性格からすれば、現実離れした表現が優勢になるのも、やむをえなかったでしょう。

冠位十二階の必要性

問題は、憲法が基本的に推古朝のものだとして、なぜこうしたものが必要だったのかということです。一口で言うなら、憲法の対象となる人々、すなわち朝廷の役人たちが存在感を示すようになったからでしょう。早くから研究者の間で言われてきたことですが、五世紀後半ごろから整備されてきた部民《べみん》制という朝廷の体制が、推古朝には一つの区切りを迎えます。部《べ》と呼ばれる職能や労働奉仕の集団が、中央・地方に設定され、それを豪族が統轄《とうかつ》し、さらに大豪族がそれを統《す》べるという制度です。

部にはいろいろな種類があって、一様ではありませんが、たとえば釈迦《しゃか》三尊《さんぞん》の銘《めい》に出てきた仏師、鞍首止利《くらつくりのおびととり》の「鞍《くらつくり》」は「鞍部《くらつくりべ》」のことで、馬具を作る工人の一族が、部に編成されたものです。「鞍」一字で書くのは珍しく、銘文の字数に制約があるため、「作」「部」などの字を省いたのでしょう。止利の一族は首《おびと》というカバネを持っていますが、カバネはその集団の格付けを表す称号でした。鞍部の場合は、ほかの多くの部とならんで、おそらく東漢《やまとのあや》氏に率いられ、代々朝廷に仕えました。このように中央・地方の部を率いるのが伴《ともの》造《みやつこ》・国造《くにのみやつこ》と呼ばれる氏族です。彼らは多くの場合、直《あたい》・造などのカバネを持っていました。それらをさらに統括したのが蘇我、物部《もののべ》など、臣《おみ》や連《むらじ》のカバネをもつ大豪族だったのです。このころから、朝廷に仕えるこれらの人々を「臣《おみ》・連《むらじ》・伴造《とものみやつこ》・国造《くにのみやつこ》・百八十部《ももあまりやそとものお》」と総称するようになりますが、朝廷の仕事を分掌《ぶんしょう》した百八十部は、構成員が世襲《せしゅう》であったにせよ、実質は役人のような性格を持っていました。官僚制《かんりょうせい》への準備が整ってきたといっていいでしょう。

十七条憲法の出る前年に定められた冠位《かんい》十二階《じゅうにかい》の制度は、そういう背景から出てきたものです。朝廷に出仕する人々を、その働きぶりで評価し、その地位を冠の色で識別できるようにする制度で、それだけ官僚制の勤務評定《きんむひょうてい》に近いといえるでしょう。世襲で朝廷に仕える人々も、役人的になってきたわけです。

この制度は、七世紀半ば以降、官僚制が本格的に導入されていくと、その冠位制度に継承されていきます。ただ大きな違いは、のちの制度と異なって、冠位十二階では皇族や大豪族が対象にならなかったことです。蘇我氏などは「紫冠」(『日本書紀』皇極《こうぎょく》二年十月)を着《つ》けたりしたようですが、これは従来から威儀《いぎ》を整えるために着用していた冠と考えられます。

そういうことからすると、十七条憲法が対象としたのも、主に朝廷の実務に携《たずさわ》る人々と見るべきでしょう。憲法と冠位の制は、官僚制の芽ばえを受けて、役人たちに出仕の心得を示し、その勤務を励ます意味があったと理解できます。かつては、太子が皇室とこれを脅かす蘇我氏の間に立って、蘇我氏を牽制《けんせい》し、融和《ゆうわ》をはかるために作ったのが十七条憲法だと言われたこともありましたが、太子と馬子の共同作業が現実であってみれば、それは当たりません。皇族と同様、蘇我氏が冠位制の枠外にいたのも当然なのです。

証拠となる小さな施策

さてここでふれておかねばならないのが、先には省略してしまった二つの事績です。『日本書紀』は太子一人で命じた具体的な施策を、なお二つ挙げています。

①大楯《おおたて》と靫《ゆき》を作らせ、旗幟《きし》に画を描かせる。(推古十一年十一月条)
②王臣に命じ、褶《ひらみ》を着用させる。(同十三年閏七月条)

冠位十二階の制定が推古十一年十二月、十七条憲法の作成が推古十二年四月ですから、①②はちょうどその前と後になるわけです。①も②も小さなできごととして、あまり注目されることはありませんが、Bの十七条憲法や、冠位制の創設と考え合わせれば、決しておろそかにできない記事です。

まず注目しておきたいのは、こんな些細《ささい》な記事が捏造《ねつぞう》されるとは考えられず、これこそ正真正銘、事実に基づくと見られることです。そこでその内容ですが、①の大楯と靫(矢を入れる武具)は、これまで言われているように、律令制下、天皇の即位儀礼に使われる品々です。また、めでたい絵の描かれた旗や幟《のぼり》も、朝廷の正式な行事に登場します。さらに②の褶は、ヒラミ(またはウハミ)といい、袴《はかま》を穿《は》いた上に着ける幅の狭い腰巻状の布で、薄織りの絹で作られました。律令制下でも正式な礼服《らいふく》に使用されましたが、初めて褶の登場する記事がこれなのです。

したがって①も②も、朝廷の儀礼を整えるため、太子主導の下に行われた施策といっていいでしょう。官僚制への指向が出てきたこの時期に、まさにふさわしい動きです。逆に①②の実施によって、冠位制の制定や憲法の作成が、実際この時期にあったことを裏付けるといえましょう。

調査・立案者としての太子

太子が馬子との共同統治というだけでなく、十七条憲法の作成や①②のような制度を立てたことは、やはり政治家として中央集権的な政治を目指し、ある程度主導権を発揮していたことを物語ります。これこそミコノミコトとしての行動でしょう。

ただ、太子が、のちの中大兄《なかのおおえ》のような強力な指導者だったかと言えば、それには留保を付けたくなります。なぜなら、太子が自分一人で行ったとされる政治上の施策は、史料上、Bの憲法の作成と①②の実行だけで、冠位十二階は単独の仕事としては出てきません。そもそも先にも述べたように、『日本書紀』では、太子が万機を助けたといいながら、その出番があまりに少ないという印象は否定できません。『日本書紀』は、推古十五年以降二十八年まで、太子の行動を記さないので、この間、太子は公的な活動をしていなかったか、できない状態だったと考える向きもありますが、記事はもとから多くないのです。

後で取り上げる外交の問題も考え合わせると、太子の役どころは、中国や朝鮮《ちょうせん》の書物や制度を調べ、それをもとに倭国《わこく》に合った制度を立案することにあったのではないでしょうか。権力を背景に、政策を実行する面は、馬子の実力に負っていた面が大きかったと思われます。

天皇記・国記の編纂

太子晩年の事業としてよく話題になるDの天皇記などの編纂は、まさにこのよい例でしょう。推古二十八年(六二〇)、太子と蘇我馬子は協議して、天皇記、国記、臣《おみ》・連《むらじ》・伴造《とものみやつこ》・国造《くにのみやつこ》・百八十部《ももあまりやそとものお》・公民《おおみたから》等の本記を記録した、と『日本書紀』にあります。

これらの記録は伝わっていないので、どのような内容だったのかは不明ですが、名称やほかの史料と考え合わせると、「天皇記」は歴代天皇の系譜や業績を書いた書と考えられます。難しいのは「国記」ですが、律令制以前にクニと言えば、国家ではなく、地方豪族の治める各地域ととるのがいいでしょうから、その土地土地の様子を記した後の『風土記』のようなものと思われます。「臣・連・伴造・国造」は、先ほども出てきた朝廷に仕える各階層の氏族、百八十部はその下で実務を担当した集団で、これらの本記というのは、その系譜や朝廷に奉仕するようになった時期、由来などを記していたのでしょう。最後の公民は、のちの律令制の用語を当てはめてありますが、実際は朝廷や豪族に属する一般民衆を指し、それらの集団が組織された歴史を書きとめたものと推定できます。こう見ただけでも、相当大規模な記録になるはずで、この時一挙にできあがったとは思えません。編纂に取り掛かったというのが現実的なところと考えられます。

四半世紀たって、蘇我蝦夷・入鹿が皇極《こうぎょく》四年（六四五）に倒された時、『日本書紀』は天皇記・国記などが焼け、その一部が船史恵尺《ふねのふびとえさか》という渡来人《とらいじん》によって取り出されたことを伝えています。これは蘇我氏が、配下の渡来人などを指揮して、この事業を実際上進めていたことを物語っているでしょう。

この事業は、『日本書紀』や『古事記』に発展する日本の歴史書の祖として、昔から注目されてきました。平安時代の初期には、これがその本だという触れ込みで、蘇我馬子の序文を付けた『先代旧事本紀《せんだいくじほんぎ》』という偽書《ぎしょ》まで作られています。本としての体裁は記紀《きき》などと違いますが、確かに本格的な歴史書という性格があったと見ていいでしょう。

とりわけ興味深いのは、『日本書紀』で初代の天皇とされる神武《じんむ》天皇の即位した紀元前六六〇年が、干支《えと》では辛酉《しんゆう》という年に相当しており、この年代は中国の讖緯《しんい》思想という運命説に合致すること、しかもそれを定めるに当たって計算の起点になったのが、推古九年（六〇一）の辛酉年らしいという事実です。つまりこの推古九年から一二六〇年さかのぼると、ちょうど神武天皇の即位年になるわけですが、その一二六〇年というのは、讖緯思想で言う一蔀《ぼう》という切りのいい年数に相当しているのです。

『日本書紀』が、なぜ編纂時点よりはるかに古い推古九年を起点に、神武天皇の即位年を決めたのかと言えば、推古朝の末に企画された、この初めての歴史書で、すでにそれが行われていて、『日本書紀』の編纂者はそれを継承したのだというのが研究者の一致した見方です。讖緯思想は中国の漢代にはすでに盛んで、推古朝に入っていておかしくないわけですが、それをこのような形で応用するには、中国の学問、思想に造詣《ぞうけい》がなくてはいけません。その推進者に聖徳太子を想定しても、的外れではないと思います。

三　外交における役割

遣隋使と太子

ところで政治家としての太子と言えば、隋《ずい》との外交にふれないわけにはいかないでしょう。太子は外国に門戸《もんこ》を開き、先進文化を積極的に受け入れたというイメージもよく語られます。しかし、ほんとうに太子は練達《れんたつ》の外交官だったと信じていいでしょうか。気がかりなのは、太子が外交に関わった形跡が、まったくないことです。

たとえば推古《すいこ》朝には、隋に外交使節が派遣されます。その最初は推古八年(六〇〇)のことと考えられます。長い間分裂していた中国の南北の王朝が、隋によって統一されるのが五八九年、それを受けての倭《わ》の対応が、約一二〇年ぶりのこの外交使節派遣でした。その後、推古十五年に小野妹子《おののいもこ》を大使とする第二回の遣隋使があり、翌年隋使、裴世清《はいせいせい》とともに帰国します。裴世清を送るため、妹子はもう一度、その年に隋に渡航します。太子との関係でとくに注目されるのが、妹子が最初に帰ってきた推古十六年の時の状況です。裴世清らが随行《ずいこう》してきたこともあって、朝廷は盛大な歓迎で出迎え、小治田宮《おわりだのみや》で外交儀礼《ぎれい》が執《と》り行われるわけですが、それを詳しく記述した『日本書紀』の中に、太子はそれとわかる形で姿を見せていません（小治田宮は『日本書紀』では小墾田宮と書かれていますが、本書では一般的な表記に従います）。小治田宮での儀礼では、宮の前庭で裴世清が隋の国書を奏上し、それを阿倍臣《あへのおみ》が受け取って、宮の正殿（中心の建物）前の門まで出てきた大伴囓連《おおとものくいのむらじ》に渡し、囓は門の前の机にこれを置いて天皇に奏上し、終わって退出しています。この時「皇子・諸王・諸臣」らの着《つ》けた華麗《かれい》な装束のことが記されているので、皇子や臣下たちが列席していたことは確かでしょう。天皇と裴世清が直接対面しなかったのも、八世紀以前では当たり前のことといえます。

ただ、同じミコノミコトの称を持っていた中大兄《なかのおおえ》は、天智《てんじ》四年（六六五）に来日した、唐《とう》の使い劉徳高《りゅうとくこう》と面会したはずです。劉徳高は九月に大宰府に到着、十一月には都に入って、もてなしの宴に臨みました。彼は中大兄の子の大友《おおとも》皇子と顔を合わせ、その骨相を称えたと言いますが（『懐風藻《かいふうそう》』大友皇子伝）、それはおそらくこの宴会でのことで、父の中大兄も同席していたに違いありません。当時、倭国と唐は軍事的に緊張した事態にあり、推古朝と事情は少し異なりますが、太子との違いは明らかで、推古十六年の場合、太子は諸皇子の一人として列席していたに過ぎず、表立った役割を演じることはなかったと見るべきです。

見えない太子の足跡

ではこの時の外交折衝《せっしょう》を主導していたのは誰かと言えば、やはり蘇我馬子《そがのうまこ》に他ならないでしょう。国書の取り次ぎに当たった大伴囓は、かつて馬子が政敵の物部守屋《もののべのもりや》を征討《せいとう》したとき、馬子方に就いた有力者の一人です。外交にも堪能《たんのう》で、この二年後の推古十八年十月、新羅《しらぎ》と任那《みまな》の使節が来日した折には、蘇我蝦夷・坂本糠手《さかもとのあらて》・阿倍鳥子《あへのとりこ》の四人で両国の使節の奏上を聞き、それを蘇我馬子に伝える役目を演じました。この時の次第は、天皇が参加していないだけに、かえって外交の実態がよく現れています。これより先、推古朝には、九年(六〇一)から十一年(六〇三)にかけて、新羅を征討しようという動きが具体化し、聖徳太子の弟の来《く》目《め》皇子や当麻《たぎま》皇子が、征討将軍になって九州まで軍を動かしたことがありました。これを、聖徳太子が外交を主導していた証拠と見る考えもあります。しかし、馬子がミコノミコトの弟を将軍に指名したとしても不思議はありません。

これまで『日本書紀』から聖徳太子と外交の関係を見てきましたが、ほかの伝記史料からも同じことは言えるのでしょうか。実は伝記史料として信頼度の高い『法王帝説《ほうおうていせつ》』には、太子の外交への関与を裏付けるような記述はまったくありません。歴史の世界に限りませんが、何か記事があると人は注目するのですが、反対に記事がない場合、その重要さに気づかれないことがあります。この場合、まさにその例に数えてもいいのではないかと思います。『法王帝説』の内容は、『日本書紀』から考えたことを補強してくれそうです。

聖徳太子と外交の関わりをほのめかすように見えるのは、『異本《いほん》上宮太子伝』以下、奈良時代の後半以降に成立してくる多くの太子伝です。これらの中では、太子は小野妹子を遣隋使として派遣した、その当事者になっています。しかしこれは明らかに史実ではありません。太子は中国の高僧が日本に生まれ変わったので、中国にいたころ持っていた法華経《ほけきょう》を妹子に命じて持ち帰らせようと、遣隋使を派遣したというのです。この伝説に関する詳しいことは、最後の章で取り上げることにして、ここでは省略しますが、太子と外交について語る材料にならないことは言うまでもないでしょう。ただ、この話は後世広く普及し事実と信じられたので、対隋外交を推進した太子というイメージにかなり影響しているかもしれません。

「日出ずる処」と書いたのは誰？

また関連してふれておかねばならないのは、遣隋使が隋に持っていった国書の筆者を太子と考える風潮が見られることです。中国の歴史書である『隋書《ずいしょ》』倭国伝によると、大業《たいぎょう》三年（六〇七年、推古十五年）に隋に来た使いがもたらした国書に、

日《ひ》出《い》ずる処《ところ》の天子、書を日《ひ》没《ぼっ》する処の天子に致す。恙無《つつがな》きや。

とあったと言います。これは隋に対して対等の立場を表明したもので、いかにも太子らしいというのです。しかしこれが太子の書いた物であるとする格別の根拠があるわけではありません。太子が外交を主導していたなら、当然太子の息のかかった文章となるでしょうが、これまで見たところからはそういう立場ではないでしょう。

しかし、十七条憲法のことを思い出してみれば、外交の実権は馬子が握っていても、太子

がそれに協力して国書の作成に知恵を貸したり、文案を作ったりすることは考えていいと思います。この国書の「日出ずる処」や「日没する処」という表現からは、その作成者が仏典に深い知識を持っていたことがわかるからです。

この表現は、それぞれ東と西に対応し、倭と隋を表していることは言うまでもありませんが、もとはと言えば仏典の『大智度論《だいちどろん》』から出た言葉です。『大智度論』巻十には四方の言い方として「日出ずる処」「日没する処」「日行《ゆ》く処」「日行《ゆ》か不《ざ》る処」を挙げ、それぞれ東方、西方、南方、北方だとしています。東や西と言ったのでは当たり前過ぎるので、漢文としておもしろいよう『大智度論』の言い回しを借りたのです。当時こういうことができたのは、たとえ慧慈《えじ》など側近の渡来僧《とらいそう》などからの助言があったとしても、やはり太子だったと見るのが、むしろ自然のように思います。太子はここでも外交の現場からは一歩引いた形で、馬子の方針に賛成し協力していたのでしょう。

なお、『隋書』ではこの国書を見た隋の煬帝《ようだい》が、こんな無礼な国書は取り次ぐな、と怒ったと言います。今もまちがった解釈をよく見かけるので付け加えますが、その理由が「日出ずる処」や「日没する処」という表現にあったのだというのは俗説です。倭国を日の出の勢いを持つ国とし、隋を衰《おとろ》えてゆく国と貶《おとし》めたように見えるかもしれませんが、もとになった『大智度論』の表現は単に東西南北の別称で、お互いの間に優劣の区別はありません。倭国としては、中国が世界の真ん中にあるとする中国古来の考えに、異議を唱える意味を含めていたかもしれませんが、熱心な仏教信者として、父の文帝と同じように菩薩戒《ぼさつかい》を授かっていたほどの煬帝ですから、「日出ずる処」「日没する処」という表現が『大智度論』から借りたものであることは、お見通しで、倭人もなかなか隅に置けないと思ったはずです。むしろ煬帝が怒ったのは、中国の伝統思想からすると、全世界に一人しかいないはずの「天子」を、東方の野蛮《やばん》人の国である倭の君主が名乗った点にあったと見るべきです。

第三章
聖徳太子の仏教理解

天寿国繡帳・部分(中宮寺)

一　仏教の伝来と広がり

蘇我と物部の争い

晩年《ばんねん》の聖徳太子は「法王《ほうおう》」（法皇《ほうおう》）と呼ばれたくらいですから、大変熱心な仏教徒だったことは自他《じた》ともに認めるところだったと思います。『法王帝説《ほうおうていせつ》』は、伝説も交えながら、太子が高句麗《こうくり》の僧、慧慈《えじ》に付いて、仏教の核心を極めたと書いています。しかしほんとうのところ、その仏教理解のレベルは、どの程度のものだったのでしょうか。この章ではその問題を検証《けんしょう》してみることにしましょう。

聖徳太子の生きた時代は、倭《わ》に朝鮮《ちょうせん》半島の百済《くだら》から仏教が伝えられて五十年余《あま》りが経っていました。伝えられてすぐに、蘇我稲目《そがのいなめ》（馬子《うまこ》の父）はその受け入れを表明、自分の邸宅《ていたく》で仏像を拝むことになりますが、受け入れに反対する豪族《ごうぞく》たちもあり、いわゆる崇仏排仏《すうぶつはいぶつ》の争いが起こったと言います。『日本書紀』や『元興寺縁起《がんごうじえんぎ》』の伝えでは、崇仏の蘇我氏に対し、物部《もののべ》、中臣《なかとみ》などが受け入れを拒否します。実際には、物部氏の拠点、河内《かわち》(大阪府)の渋川《しぶかわ》にも飛鳥《あすか》時代の寺院跡が見つかっていて、物部氏も仏教信仰を持っていた可能性を否定できません。崇仏・排仏の闘争がどこまで事実なのか、そのあたりは不明というほかないでしょう。ただ、現実の対応がどうであれ、仏教受容《じゅよう》の主導権をめぐって、豪族間に権力争いがあったことは十分に考えられます。

しかしその争いも、用明《ようめい》二年(五八七)に大連《おおむらじ》だった物部守屋《もののべのもりや》が討《う》たれたことで決着を見ます。対立していた大臣《おおおみ》蘇我馬子が、自分に親《した》しい皇子や豪族たちを集めて、守屋の渋川の家を攻めたからです。馬子は朝廷の実権を握ると同時に、積極的な仏教振興《しんこう》政策を打ち出していきます。

聖徳太子は守屋征討《せいとう》の軍に加わって活躍したとされますが、蘇我一族と言ってもよい立場からしても、その仏教政策に賛同していたでしょう。太子がミコノミコトとして朝廷に立った翌年、推古《すいこ》二年(五九四)二月に、天皇は三宝興隆《こうりゅう》の 詔《みことのり》を出し、寺院の造営を奨励《しょうれい》したとされますが(『日本書紀』)、その詔勅《しょうちょく》を伝達する役目に当たったのが、馬子と太子でした。実際には蘇我氏主導の政策であり、天皇と太子はそれに協力したのに違いありません。太子自らも仏教興隆の動きに乗って、のちに四天王寺《してんのうじ》や法隆寺《ほうりゅうじ》を建立《こんりゅう》するわけですが、それとも関わり深い法興寺《ほうこうじ》(飛鳥寺《あすかでら》)のことについて、ここでふれておきましょう。

法興寺の三つの仏像

馬子は守屋を倒して政権を握った後すぐに、倭国で最初の本格的な寺院、法興寺(飛鳥寺)の建立に乗り出しました。崇峻《すしゅん》元年(五八八)のことです。この年、百済《くだら》からやってきた外交使節が、仏舎利《ぶっしゃり》や僧侶《そうりょ》、寺院建築の工人《こうじん》らを献じ、それらが法興寺の造営につながります。崇峻三年には用材が山から切り出されました。法興寺は元興寺《がんごうじ》とも呼ばれますが、元興寺という寺号《じごう》は、この寺が養老《ようろう》二年(七一八)に平城京《へいじょうきょう》に移籍《いせき》されてからのもので、本来は法興寺だったと見るのが正しいのです。地名をとって飛鳥寺とも呼びますが、飛鳥・奈良時代には、仏教用語を使った法興寺のような法号《ほうごう》と、飛鳥寺のような親しみやすい和風の寺号とが、よく併用されました。法興寺の「法興」は、もちろん仏法の興隆の意味で、日本最初の寺という自負《じふ》が、名前にも表れています。

法興寺は最初、敏達《びだつ》十三年(五八四)九月に百済から持ち帰られた弥勒《みろく》の石像が本尊《ほんぞん》とされたようです。それより古い欽明《きんめい》朝に仏教が公伝《こうでん》した時の仏像があれば、それが本尊になっておかしくありませんが、それは崇仏排仏の争いの中で、捨てられてしまったことになっています。その後、推古十三年(六〇五)に銅と刺繡《ししゅう》で丈六仏《じょうろくぶつ》を各一体作ることになり、仏師の鞍《くら》作鳥《つくりのとり》(鞍首止利《くらつくりのおびととり》)が制作を担当することになりました。丈六仏とは、通常は釈迦《しゃか》の身長とされる一丈《じょう》六尺《しゃく》(約四・八メートル、座像の場合はその半分)の大きさを持つ仏像のことを言いますが、後に述べるように飛鳥時代には釈迦仏を指す用法もあったようです。

この像は翌年四月に完成しますが、銅像のほうを金堂《こんどう》に入れようとすると、戸に支《つか》えて入りません。危うく戸を壊して入れようとするところを、鳥の機転で壊さずに安置《あんち》することができました。この功績で、鳥は位階《いかい》や水田などを賜《たま》わったと、『日本書紀』は記しています。このころには、法興寺の主要部は完成したと見ていいでしょう。

法興寺はその後の天災や戦乱の結果、ほとんどの仏像や堂塔を失い、今は、小さなお堂の中に、鳥が作った本尊(通称飛鳥大仏)が修理を重ねた姿で残っているに過ぎません。しかし、昭和三十一、三十二年(一九五六、五七)に行われた発掘調査の結果によると、創建時には塔を中心に、東西と北に三つの金堂を置く大伽藍《だいがらん》だったことがわかります。最初の本尊の弥勒石像は東金堂にあったと伝えられ、鳥の作った銅像は北の金堂(中金堂)の位置から動いていないので、おそらく西金堂には刺繡の丈六仏が安置されていたのでしょう。

鳥が作った本尊の後身《こうしん》である今の本尊は釈迦《しゃか》如来《にょらい》ですが、飛鳥時代に「丈六」ないし「丈六仏」と言えば、釈迦像を指していることが近年わかってきています。銅像と刺繡の丈六仏も、当然釈迦如来だったはずです。

仏教興隆の思い

発掘調査の結果で興味深いのは、塔跡の地中深くから、心柱《しんばしら》を受けるために据《す》えられた礎《そ》石《せき》(心礎《しんそ》)が出土したのですが、その心礎に掘られた孔《あな》からは容器に入った仏舎利《ぶっしゃり》が出てきたほか、心礎の上からは鉄の鎧《よろい》の一部や勾玉《まがたま》などの玉類、金メッキした耳輪、馬具の一部などが見つかったことです(奈良国立文化財研究所『飛鳥寺発掘調査報告』、一九五八年)。それらは、種類としては古墳《こふん》に副葬《ふくそう》される品と共通します。これらの品々は、長らく仏舎利を供養《くよう》するための宝物として埋められたと考えられてきましたが、近年は、直接仏舎利には関係せず、心柱を立てたときの地鎮《じちん》の品だろうという意見もあります(飛鳥資料館編『飛鳥寺二〇一三』、二〇一三年)。ただ、たとえそうだとしても、金銀などふつうの宝物でなく、なぜ古墳に埋納《まいのう》するような品々なのでしょうか。やはりこれらの宝物は、釈迦の遺骨である仏舎利、ひいては釈迦その人に対して、蘇我氏をはじめとする当時の人々が、古墳に埋葬された貴人に対すると同様な敬意を持っていた証《あかし》と言うべきでしょう。

このような法興寺の造営に、太子も大きな関心を抱いて接していたと思いますが、のちに太子が建てた法隆寺の堂塔配置などに、直接の影響は及んでいないようです。ただ見逃せないのは、法隆寺という寺号との関係です。法興寺と法隆寺、同じ「法」をいただく寺号ですが、それぞれから二字目をとれば、「興隆《こうりゅう》」となるのは偶然でしょうか。馬子とともに仏教振興を目指した太子にとって、法隆寺は法興寺と一対《いっつい》の寺と意識された可能性は、大いにあると思います。太子が亡くなった直後の法隆寺金堂釈迦《しゃか》三尊《さんぞん》の銘文《めいぶん》も、「三宝」「紹隆《しょうりゅう》」の意志を表明していることが思い出されます。第一章で述べた「法興」の年号も、馬子や太子のスローガンとして、まことにふさわしいと言えるでしょう。

二　天寿国繍帳を読み解く

橘大女郎の願い

太子を取り巻く時代の情勢は以上のようなものとしても、太子自身がどういう信仰《しんこう》を持っていたかということになれば、問題は格段に難しくなります。太子が自分の考えを述べた著《ちょ》作《さく》を残していればいいのですが、それは決して多くありません。しかも厄介《やっかい》なことに、そのわずかの材料についても、太子のものでないとする意見が根強くあります。しかし手を拱《こまぬ》いていても前進しませんので、そういう意見も考えに入れながら、数少ない手がかりを見てゆくことにします。

はじめに取り上げるのは、太子が亡くなったのを機に制作されたという天寿国繍帳《てんじゅこくしゅうちょう》（図1）です。繍帳とは刺繍で飾った帳《とばり》のことで、記録によるともとは二張《ふたは》りに分かれ、寺院の柱間《はしらま》三つに張り渡せるほどもある大きなものだったのですが、年月とともに傷《いた》み、今は江戸時代に断片を集めて、一メートル四方に足りないパネル状に仕立てられたものが残っています。この繡帳には、鎌倉時代になって複製が作られますが、それも早くに傷んで断片になったため、いま残っているパネル状の繡帳には、その鎌倉時代の断片も区別なく貼られています。現在は中宮寺《ちゅうぐうじ》の宝物になっていますが、鎌倉時代以前は法隆寺が所蔵していました。

図1 天寿国繡帳・全図(断片を集めたもの)(中宮寺)

用途については、独り身になった太子妃《ひ》が床《しょう》(ベッド)の周りに張りめぐらせて、太子を偲《しの》んだのだという魅力的な解釈もあるのですが、繡帳は片面刺繡ですから、裏が見えるところでは使えません。やはり仏堂や厨子《ずし》など、前面から見る帳として、作られたのでしょう。

繡帳の元の姿は正確にはわからないの

ですが、四〇〇字にものぼる長い銘文《めいぶん》が縫《ぬ》い取られていました。現在は断片になってしまったその文章も『法王帝説《ほうおうていせつ》』などに記録されていて見ることができます。全文は大きく二つの部分に分かれ、前半は太子とその妃《きさき》の一人、橘大女郎《たちばなのおおいらつめ》(猪《い》位奈《な》部橘《べのたちばな》王)の系譜《けいふ》、後半が繍帳制作の事情を記す部分です。少し長いのですが、太子の言葉が出てきて重要なので、次に後半部分を書き下し文にしたものを載せておきます。

> 歳《ほし》は辛巳《しんし》に在《やど》る十二月廿一《にじゅういち》日癸《き》酉日入《ゆうにちにゅう》、孔部間人《あなほべのはしひと》母王崩《ほう》ず。明年《みょうねん》二月廿二《にじゅうに》日甲戌《こうじゅつ》夜半《やはん》、太子崩《ほう》ず。時に多至波奈大女郎《たちばなのおおいらつめ》、悲哀嘆息《ひあいたんそく》し、天皇の前に畏《かしこ》み白《もう》して曰《いわ》く、「之を啓《もう》すは恐《かしこ》しと雖《いえど》も、懐《おも》う心止《とど》使め難《がた》し。我が大王と母王と、期するが如《ごと》く従遊《しょうゆう》す。痛酷比《つうこくたぐ》い无《な》し。我が大王の告《の》る所、世間《せけん》は虚仮《こけ》、唯仏《ただほとけ》のみ是《こ》れ真《まこと》なり、と。其の法を玩味《がんみ》するに、謂《おも》えらく、我が大王は応《まさ》に天寿国の中に生まるるべし、と。而《しか》るに彼国《かのくに》の形、眼《め》に看《み》回《がた》き所なり。悕《ねが》わくは図像に因《よ》り、大王往生《おうじょう》の状《さま》を観《み》むと欲す」と。天皇之《これ》を聞き、悽然《せいぜん》として告《の》りて曰《いわ》く、「一《ひとり》の我が子有り、啓《もう》す所誠《まこと》に以《もっ》て然《しか》りと為《な》す」と。諸采女《もろもろのうねめ》等《ら》に勅《ちょく》し、繍帷二帳《ぬいのとばりふたはり》を造る。画《えが》く者は東漢末賢《やまとのあやのまけん》、高麗加西溢《こまのかせい》、又漢奴加己利《あやのぬかこり》、令《うなが》す

者は椋部秦久麻《くらべのはだのくま》なり。

この銘文によると、太子が亡くなった後、太子は天寿国に往生されたに違いないと信ずる橘大女郎が、太子の天寿国での様子を刺繡で表したいと考え、推古天皇に申し出て許しを得、采女らの手で完成したのが、この繡帳ということになります。天寿国については、後で述べることにしましょう。

亀の背の銘文

この経過を述べる文中に太子が橘大女郎に語った言葉、「世間は虚仮、唯仏のみ是れ真なり」が出てきます。この繡帳が太子没後まもなくのものなら、大変貴重な史料となるでしょう。事実、過去の太子研究者の間では、この言葉が、太子の仏教信仰を考える出発点として扱われることが少なくありませんでした。しかしそれには、繡帳の制作年代が明確になっていなければなりません。

この繡帳の銘文は、現在残る断片から、亀（正確にはスッポン）の背に四字ずつ入れ、繡帳

図２　天寿国繡帳の亀形２種(中宮寺)
〔右〕「部間人公」と書かれた首が真っ直ぐの亀
〔左〕「皇前日啓」と書かれた左向きの亀

の図柄全体の中に分散して置かれていたことがわかっています(図2)。つまり全部で一〇〇個の亀が繡帳に配置されていたのです。これらを総合した文様の復元案も、これまでしばしば示されてきましたが、繡帳が全体のごくわずかしか残っていない現状では想像不可能です。文字を背負う亀の形も、よく見ると、首が真っ直ぐのもの(図2右)、右向きのもの、左向きのもの(図2左)と、三種類あり、これらがどう散らされていたのかは謎という他ありません。

　ただ銘文と図柄は一体なので、この繡帳では、銘文だけが後から縫い付けられたという心配は無用です。太子の確かな言葉と受け取られてきた原因もそこにあります。しかし繡帳全体が太子没後まもなくのものかというと、一概にそうとは言えないのが困ったところです。

三つの問題

第一の問題は、銘文の中で推古《すいこ》天皇を「豊御食炊屋比弥《とよみけかしきやひめ》」と呼んでいることです。ふつう私たちが使っている「推古」という名は、奈良時代の末に歴代天皇にまとめて付けられた中国風の諡号《しごう》(贈り名。「はじめに」参照)の一つです。それ以前は日本風の諡号が付けられていて、推古天皇なら豊御食炊屋姫が、まさにそれに当たります。つまり銘文ができたのは、少なくとも推古天皇の没後、西暦では六二九年ごろ以降ということになるでしょう。

もっともこれには異論もあって、推古天皇は生前すでに、尊敬の意を込めて豊御食炊屋姫と呼ばれていて、没後それがそのまま諡号になったのだという研究者もいます。尊号《そんごう》が諡号になったというわけです。しかし、『日本書紀』は各天皇の巻の冒頭に和風諡号を掲げていますが、それは没後定められた諡号であることは、神功《じんぐう》皇后の巻にはっきり書かれています。そもそも天皇に尊号というものがあったなら、どこかに使われた例があってよさそうなのに、ほかの天皇を含めて、その痕跡《こんせき》は皆無《かいむ》です。

もう一つの問題は、この繡帳が工芸品として短期間にできあがるだろうかという疑問です。刺繡で図柄が表されているからには、その台になる裂《き》れがあるわけですが、古代の断片を観察すると、それは紫色の羅《ら》という織物です。見かけはレースのように薄い羅は、織るのに高度な技術と手間のいる織物で、織り上げるのは相当の時間を要します。繡帳は大層大きなものですから、たとえ周りに違う裂れが部分的に使われたとしても、年単位の時間がかかったことでしょう。しかも繡帳の羅は四《よ》つ目菱《めびし》という文様《もんよう》を織り出した精巧《せいこう》なもので、文様に乱れもありませんから、輸入品だった可能性もありますが、これほどの大きく上等な羅を手に入れるのも容易なことではなかったはずです。

これまでの研究では、刺繡の技法や断片の現状ばかりが注目され、台裂《だいぎ》れのことはあまり注意されていませんが、繡帳の年代を考えるには見逃せない要素だと思います。その点、羅だけでなく、羅に裏打ちされた絹の織り方なども詳しくわかってくれば、もっと制作年代を絞り込むことができそうですが、ただ、織り方や刺繡の技法がわかっても、それと比較できる七世紀の染色品は限られています。そこに大きな限界があることも認めざるをえないと思います。

さらに次の問題は、この銘文の内容や文体が、ふつうの造像銘《ぞうぞうめい》と違うことです。仏像や仏画などを制作させた時、その年月日などを入れた銘文を造像銘といい、第一章で見た釈迦三尊の銘文は、まさにその好例です。造像銘には、まず例外なく願主《がんしゅ》の願いが盛り込まれるのですが、この繡帳の銘文にはそれがありません。逆に通常はない当事者の言葉が直接話法で引用されています。先ほどの引用の中で「　」内に入れて示した、橘大女郎とそれに応《こた》えた推古天皇の言葉です。銘文の後半は、そのおかげでまるでお話を読むような臨場感《りんじょうかん》がありますが、こういう手法は造像銘ではなく、寺院の由来《ゆらい》を説く縁起《えんぎ》に見られるものです。

豪華リニューアル版？

こう見てくると、天寿国繡帳の銘文は太子の死から相当経って、入念な準備のもとに作られた太子にちなむ繡帳の縁起、解説のようなものと考えるべきでしょう。また、関係者の系譜を主とする前半と、繡帳の制作事情を述べた後半では文体も違うので、前半と後半では、文章の成り立ちや時期が同じでないかもしれません。

もっとも銘文の最後には、作業の監督者や図案を描いた画工の名が記されています。それらの人々は、銘文を読む限り、橘大女郎のために推古天皇の命で繡帳を作った人物のようです。ちなみに「令《うなが》す者」（監督）の椋部秦久麻《くらべのはだのくま》は、後の律令制《りつりょうせい》が整った時代で言えば内蔵寮《くらりょう》の下級役人で、貴重な宝物や材料を管理していた人物です。鳥《とり》仏師の出た鞍作《くらつくり》氏は鞍部《くらつくり》とかかれることもあるので、椋部は鞍部だという人もあります。そうなると仏師との接点ができておもしろいのですが、それは当たりません。古代には同じ発音の言葉を幾通りにも当て字で書くことがありますが、倉庫の意味の椋《くら》と馬の背に置く鞍《くら》は、はっきり書き分けられていて、通用させた例を見たことがありません。

それはともかく、これらの人々の名がある以上、彼らの作った古い繡帳があったことはまちがいないでしょう。そして、今の繡帳はそれをもとに、のちに時間をかけて、より贅沢《ぜいたく》な形で制作された、いわば豪華リニューアル版かもしれません。なぜそんなことを、という疑問が出るのは当然ですが、終章に述べるように、天智《てんじ》九年(六七〇)に焼失した法隆寺が、七世紀末、朝廷の援助のもとに再建されます。そこにはさまざまな太子ゆかりの仏像や調度などが集められました。太子を記念するこの再建法隆寺にふさわしい品として、繡帳が装《よそお》いを新たにして寄進《きしん》されてもおかしくはありません。

奈良時代にできた法隆寺の財産目録である『法隆寺伽藍縁起幷流記資財帳《ほうりゅうじがらんえんぎならびにるきしざいちょう》』(天平十九年、七四七年成立)には、天武《てんむ》天皇が寄進した「繡帳二張」のあったことが載っています。この繡帳には鈴が付いていたことが記されていますが、天寿国繡帳にももとは鈴の付いていたことがわかっていますので、古くから説があるように、これが天寿国繡帳に当たるとしていいと思います。もとの繡帳は相当傷んでいたか、あるいは失われていたのかもしれません。現在法隆寺金堂《こんどう》の東の間に祀《まつ》られている薬師如来像《やくしにょらいぞう》が、再建された寺に安置するために作られた擬古像《ぎこ》であり、光背《こうはい》に寺の縁起が刻まれていることが思い合わされます（第四章一六三ページ参照）。薬師像の銘文についても同じことが言えますが、作ったその時に知られている一番敬意のこもった呼び名を使ったため、文中に諡号が出てくることになったわけです。いずれにせよ、この繡帳についてはまだまだわからないことが多く、これから研究が進んでいくことが望まれます。

「世間虚仮、唯仏是真」の意味

さて長々と天寿国繡帳の穿鑿《せんさく》をしてきましたが、もう一度最初にふれた太子の言葉「世間は虚仮、唯仏のみ是れ真なり」に戻りましょう。これが古い繡帳の銘文によったものなら、太子の仏教理解を考える手がかりになります。この言葉は、一見経典《きょうてん》にでも出てきそうに見えますが、そのままでは見当たらず、太子が仏教の趣旨《しゅし》を踏まえて語ったもののようです。「世の中のことは空しく仮のもので、仏、すなわち仏法だけが真実なのだ」という主張は、仏教から見ればとくに目新《めあたら》しいものではありません。

しかし、現実を肯定《こうてい》してなんの疑問も持たない当時の人々にとって、こう明言することは革命的なことだったでしょう。かつて日本文化史の優れた研究者だった家永三郎《いえながさぶろう》氏は、若いころ『日本思想史に於《お》ける否定の論理の発達』(新泉社、一九六九年、一九四〇年初版)という本を著《あらわ》して、現実を超えて真理を探る否定の論理は、太子に始まると論じたことがありました。世の中の見方の大転換だったことはまちがいありません。仏教に在来《ざいらい》の神々への信仰や利益《りやく》と同様なものを求める風潮の中で、太子がここまで突っ込んで仏教の本質を理解し、周りの人々にも説き聞かせていたことは、心に留めておいていいでしょう。

天寿国は弥勒浄土?

天寿国繡帳の銘文が問いかける、もう一つの問題は、太子が死後の世界をどう考えたかという点です。橘大女郎は太子のふだんの言動《げんどう》から、没後は天寿国に行かれたのに相違《そうい》ないと考えました。天寿国とはなにか、太子はどのような来世《らいせ》を考えていたのか、これは太子の仏教理解を知る鍵の一つと言えます。

それだけに、これまでの研究も膨大《ぼうだい》で、いろいろな意見が出されてきましたが、『法王帝説《ほうおうていせつ》』が、「天寿国は、なお天と言うがごときのみ」と注釈しているのが注意されます。あまりに簡単な注なので、いままでは気に留められなくなっていますが、私は本質を言い当てていると思います。

この「天」はもちろん仏教用語としての使い方で、我々の住む人間世界の上にあるとされる天界《てんかい》です。天界は下から順に、欲界《よくかい》、色界《しきかい》、無色界《むしきかい》の三つ、いわゆる三界に分かれていますが、さらにそれぞれが、六天、十七天、四天に分かれていて、その欲界の六天のひとつに兜率天《とそつてん》があり、ここは弥勒菩薩《みろくぼさつ》の住むところです。弥勒菩薩は兜率天で五十六億七千万年を過ごしたのち、我々の世界に下って弥勒如来となり、救いに漏れた生き物すべてを救済するのです。

ここで注意してほしいのは、天界は生き物が生まれ変わる六つの世界、六道《ろくどう》の一つだと言うことです。仏教では六道輪廻《りんね》といって、あらゆる生き物は、死ぬと地獄・餓鬼《がき》・畜生《ちくしょう》・修《しゅ》羅《ら》・人間・天の六道のどれかに生まれ、それを繰り返し続けると考えます。阿弥陀浄土《あみだじょうど》(極楽浄土《ごくらくじょうど》、西方浄土《さいほう》)のような浄土に生まれれば、輪廻から抜け出し、寿命はなく男女の区別もありません。それに対して兜率天は弥勒浄土とも言われるのですが、あくまで六道の一つですから、そこに生まれても死は覚悟しなければなりませんし、男性女性の別は存在します。ただし、その寿命は、天界ともなると、四千年という途方もない長さだという点が違います。

天寿国の意味はこれで明らかでしょう。天界の寿命を生きられる世界、具体的には弥勒浄土、兜率天です。弥勒浄土への信仰は、むしろ阿弥陀浄土や薬師浄土への信仰よりも古く、中国で早くから行われていました。日本でも飛鳥時代から奈良時代へかけては、根強い人気を持っていたのです。太子が考えていた来世は、まずは弥勒浄土だったと考えられます。

浄土のステップアップ

しかしここで問題は、第一章で見た法隆寺金堂の釈迦三尊の銘文には、別の浄土が出てくることです。この銘文で釈迦像の造立《ぞうりゅう》を誓《ちか》った膳《かしわで》氏一族の人たちは、最初「早く浄土に登ること」を願いますが、これは「登る」という言葉が示すように、天界の弥勒浄土でしょう。

そして生まれ変わっても太子たちに仕え、最後には「彼岸《ひがん》」をともにしたいと願っています。彼岸は彼岸と同じで、向こう岸、つまり六道とは切り離されたほんとうの浄土にほかなりません。

これも間接に太子の来世観を伝えるもので、後で述べる太子と法華経《ほけきょう》との深いつながりからすると、最終的には法華経に説かれた阿弥陀浄土への往生を指しているのではないかと考えられます。周囲に弥勒浄土への生まれ変わりを述べた太子は、一方で阿弥陀浄土への往生も願っていたわけです。

それは矛盾《むじゅん》ではないかと思われる読者もあるでしょう。しかしまずは弥勒浄土を目指し、そこから阿弥陀浄土に往生する、それが太子の思いだったと考えます。浄土への往生と言えば、浄土教が盛んになった平安時代以降には、阿弥陀浄土しか考えられなくなりますが、本来、仏教では複数の浄土への願いも否定されていたわけではありません。

隋《ずい》代に出た中国の華厳宗《けごんしゅう》の高僧、智儼《ちごん》は、煩悩《ぼんのう》を断たなければ行けない阿弥陀浄土に対し、煩悩を断たなくても弥勒浄土には行けると説きました。弥勒浄土で修行を重ねれば、阿弥陀浄土や、さらにその先の無辺仏土《むへんぶつど》や蓮華蔵《れんげぞう》世界へも行くことができると言うのです。これを見ても、浄土があれかこれかの選択ではなかったことがわかるでしょう。

飛鳥・奈良時代には、たとえば法隆寺金堂壁画のような諸仏の浄土をテーマにする絵画や彫刻が、盛んに作られました。法隆寺壁画では釈迦浄土、阿弥陀浄土、弥勒浄土、薬師浄土の四つの浄土が描かれていて、複数の浄土が信仰の対象だったことを示しています。まして や弥勒浄土は、六道輪廻のサイクルを離れたものではなかったのですから、一方で阿弥陀浄土への願いがあっても、まったくおかしなことではありません。この点、これまでの太子の浄土観に関する研究は、あまりに考え方が狭かったと思います。

三　太子が注釈した経典

「太子の自筆」法華義疏

このように、天寿国繡帳《てんじゅこくしゅうちょう》の銘文《めいぶん》に現れたほんの少しの記述からも、太子の仏教理解について言えることはあるわけですが、もっと有力な手がかりになりそうな古い手書きの本(写本《しゃほん》)があります。法隆寺《ほうりゅうじ》に長く伝わり、明治十一年(一八七八)に皇室に献上《けんじょう》された法華経《ほけきょう》の注《ちゅう》釈《しゃく》、法華義疏《ほっけぎしょ》四巻がそれです。

『日本書紀』や『法隆寺伽藍縁起幷流記資財帳《ほうりゅうじがらんえんぎならびにるきしざいちょう》』(天平十九年、七四七年成立)などには、推古《すいこ》朝に太子が法華経の講義を行ったことが記されていますが、ほかに勝鬘経《しょうまんぎょう》を講義したことも伝えられています。太子はこれらの講義に関連して注釈を作ったとされ、その法華・勝鬘の二経に対する注に、維摩経《ゆいまきょう》の注をも合わせたものは、三経義疏《さんぎょうぎしょ》として有名です。法隆寺に伝《でん》来《らい》した法華義疏はこの三経義疏の一つというわけです。

勝鬘経義疏と維摩経義疏については、のちの時代の写本しか伝わっていませんが、法隆寺に伝来した法華義疏は特別で、太子の自筆原稿だとされてきました。文字の姿が太子の活躍した七世紀前半にさかのぼるような古い特徴を示しており、まだ清書していない草稿の様子をとどめていることからも、天平宝字《ほうじ》五年(七六二)の『法隆寺東院資財帳』にある、「上宮聖徳法王の御製《ぎょせい》」で「正本《しょうほん》」(原本)に当たる本であると考えられてきたのです。

仏教の公伝《こうでん》から百年もたたないこの時期に、太子自身が大部な注釈書を書き、しかもその自筆草稿が一四〇〇年も伝わっているとしたらまさに驚きですが、この注釈の内容を詳しく読み解いた花山信勝《はなやましんしょう》氏は、この注釈書は中国の注釈をもとにしながらも独自の優れた見解を示した著作で、文体にも中国の文献を引き写しただけではない和風の崩れた言い回しが見られることを指摘しています(『聖徳太子御製　法華義疏の研究』東洋文庫、一九三三年)。

中国からの輸入品?

しかしご多分に漏れず、ここにも疑いの目が及んできます。この写本が太子の時代にまでさかのぼることについては、研究者の間にも異論はありません。問題は、これが太子の著作であるか、そして太子の直筆《じきひつ》であるか、ということです。

疑いの原因のひとつとなっているのは、この写本が法隆寺に伝わったとされる経緯です。八世紀の前半に法隆寺の東院を建てるのに尽力した行信《ぎょうしん》という僧がこれを寄進《きしん》したというのですが、彼が仏教に熱心な光明皇后《こうみょうこうごう》をはじめとする有力者に取り入るために、由緒《ゆいしょ》不明の草稿を太子直筆と偽って売り込んだのではないか、というのです。

それに拍車《はくしゃ》をかけたのが、一九七〇年代に生じた勝鬘経義疏をめぐる新しい動きでした。東洋学者の藤枝晃《ふじえだあきら》氏が、太子の作とされる勝鬘経義疏と、極めてよく似た注釈の写本を中国敦煌《とんこう》から発見された古写本の中に見つけ、勝鬘経義疏は中国で書かれたものだという見解を打ち出したのです（「勝鬘経義疏」『日本思想大系　聖徳太子集』岩波書店、一九七五年）。敦煌は、中国西部の砂漠地帯にあるオアシス都市で、かつてはシルクロードの要衝《ようしょう》として栄えました。一九〇〇年、敦煌にある石窟《せっくつ》寺院から大量の古い文書や書物が発見されます。洞窟から見つかったそれらの資料は、敦煌文献として一躍有名となりました。中国では日本と違い、残された古い手書きの資料が少ないため、唐以前の古い文献の宝庫として、ヨーロッパや日本、中国でこの敦煌文献の研究が進められました。藤枝氏もその研究を進める中で、勝鬘経義疏とよく似た写本を見つけたというわけです。

藤枝氏は、法華義疏についても、筆跡は中国の写経生《しゃきょうせい》によるもので、写本自体、中国から輸入されたものだと主張しました。いくら太子が優秀な人物でも、仏教公伝からたかだか五十年という時期に、経典《きょうてん》を細部まで読み込み注釈するというようなことが可能だったのかという懸念《けねん》は、多くの研究者にあります。それに応《こた》えるように、井上光貞《みつさだ》氏が、太子の著作というより、複数の僧侶《そうりょ》をブレーンとする共著という説を出し（『日本古代思想史の研究』岩波書店、一九八二年）、それが広く受け入れられるという状況もあったのです。

ともあれ藤枝説は、それまでの三経義疏への見方を一気に吹き飛ばすような破壊力を発揮しました。太子の仏教思想のエッセンスが三経義疏に込められているというような理解は、根本から再考を促《うなが》されることになったのです。しかし一見極めて明快な藤枝説も、問題がないとは言えないように思います。なによりも、実物としての法華義疏が伝えてくる情報に、藤枝説とそぐわないものがあるように感じます。太子その人を考える上に大変重要な問題なので、少し詳しく見ていきましょう。

驚くほど質素な巻物

古くから有名だった法華義疏には、これまで多くの研究者が注目してきました。しかしどちらかと言えば、まず内容に目が行き、モノとして調査しても、使われている紙の幅や長さなど、細かいことが問題にされがちでした。そしてなによりも問題なのは、この写本を研究者が手にとるのは至難《しなん》だという点にあるでしょう。法隆寺に伝えられてきたこの写本が、明治初年に皇室の所有となり、現在は宮内庁《くないちょう》侍従職《じじゅうしょく》の管理下にあって、たまに展覧会で目にする以外、調査の機会がないためです。

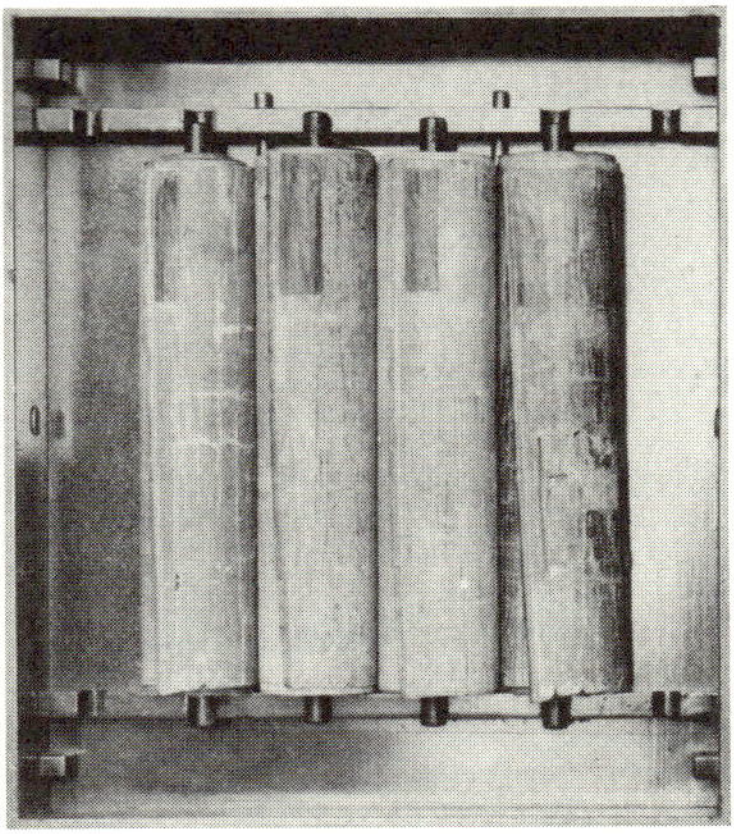

図３　御物・法華義疏（宮内庁蔵．大正時代の本に掲載の写真．現在と保管状況は異なる）

私は仕事の関係で、東京国立博物館に出品された法華義疏を、手にとって見る貴重な体験をしました。そのたびに感じたのは、なんと簡素《かんそ》な写本だろうという驚きです（図３）。この写本は巻物になっていて、全部で四巻あります。太子自筆とされてきた写本だから、さぞ立派な表紙や軸がついているだろうと思うと、まったく違うのです。なんの装飾《そうしょく》もない紙の表紙、軸は木の丸棒の両端に透明な漆《うるし》を塗ってあるだけ、質素《しっそ》この上ない姿です（巻物の部分名称については図4）。さりげなくこの写本が置かれていたら、貧相《ひんそう》な古い巻物に過ぎず、だれもそれほどの由緒《ゆいしょ》ある品とは気づかないに違いありません。

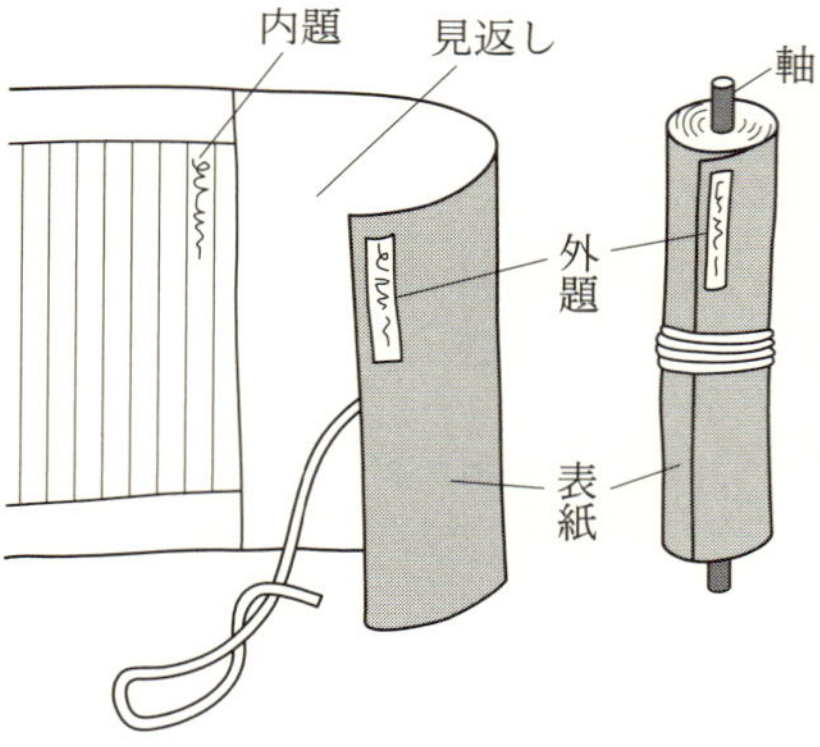

図4　巻物の構造

　この写本はこれまで二回、原寸で複製が作られ販売されていますが、最初、大正十五年（一九二六）に売り出された時の内容見本を見ると、表紙には現物にはない古代の錦《にしき》をまねた織物が付けられ、さらには文様《もんよう》を彫り込んだ銀や金銅製の軸金具を加えるオプションまで用意されています。太子の自筆と強調されていた当時のこと、こうしたくなるのが人情といえそうです。

大事に伝えられた本

　質素さ以上に驚きなのは、この巻物が、この姿のまま、ほぼ一四〇〇年も伝えられてきたことです。太子の著作かどうかはとにかく、書かれた年代が七世紀前半を下らないことは、どの研究者も認めています。もっとも表紙などは薄い紙ですから傷《いた》みもあり、薄い絹を貼って補強してあります。しかしそれも必要な箇所だけで、本文には、巻頭《かんとう》近くを除けばまったくそういうところはありませんし、虫食いの跡すらないのです。

　七世紀の写本が、これほどウブな形で伝わったのは、ほとんど奇跡です。確かに日本には、正倉院《しょうそういん》に伝わった写本や文書のように、奈良時代に書かれたままのような、保存状態のよい資料もあります。しかし、法華義疏は、それらより百年以上も古いものですし、正倉院のような蔵にしまわれて長く人目にふれなかった、という品でもないのです。

　そもそもすでに述べたように法華義疏の質素な現状から判断すると、これを書いた人物にとって、この写本が大変大切に扱わねばならないものだったとは、とても考えられません。表題や著者名も、最初はまったく入れていなかったのですから、人に見せるものではなく、あくまで自分用の実用的な写本でした。ところがそんな写本でも、これを受け継いだ人にとっては、かけがえのないものだったのです。それだからこそ、そっとそのままの状態で大切にされてきたというわけです。

ただ藤枝晃氏は、この本の表紙は、奈良時代に保存用に付け替えられていると述べています。確かに今の表紙はもとのままではないのですが、私にはそう新しいとは思えません。表紙が付け替えられたにしても、それは太子の亡くなって間もないころではなかったでしょうか。それは一巻目の表紙の裏に、七〇〇年前後のものと見られる貼り紙があるからです。それについては後でふれます。

さらにこの表紙の端には題名(外題)を書いた紙片が貼られています。紙が一部欠けてしまっているため、今は「□第一」としか読めませんが、ほかの巻から類推すると「法華義疏第一」とあったのでしょう。本文とよく似た書体で、本文と同じく古い時代に書かれたと思われる題名です。もとの表紙が傷んでしまったので、そこから題名の箇所だけ切り抜き、新しい表紙に貼り付けたものと見えます。ここにも、できるだけもとの状態に近いまま残そうという思いが感じられます。

またこの写本には、奈良時代にできた立派な帙《ちつ》(カバー)と、書名を書いた札があります。

帙は全四巻をまとめてくるむ簾《すだれ》のような形式で、その竹ヒゴは華やかな絹の色糸で組まれています。札は象牙《ぞうげ》製で、「法華経疏四巻」(表)、「御製」(裏)と書いた豪勢なものです。もし表紙を替えるなら、これらと釣り合いの取れる立派な形になったに違いありません。これに対して中身の写本は不釣り合いに貧弱なのですが、それは逆に、これこそもとの姿であることを証明しています。

この写本がこれほどまでウブな姿を失わずにきたのは、やはり聖徳太子の自筆写本という伝承があったからでしょう。正体不明の古写本を、行信が太子の著作に仕立て東院に持ち込んだと考える説については既に述べましたが、紙が大切だった当時のこと、百年以上も前の草稿本が、行信の時代まで、四巻セットのまま完全に残るとは、とても考えられません。とっくに切り刻まれて裏面を再利用されているに違いないのです。

「委」の字からわかる年代

これまで太子自筆説の根拠となってきたのは、この内容を書けるのは太子以外に考えられないとする想像を別にすると、第一巻の巻頭にある次の文字でした。

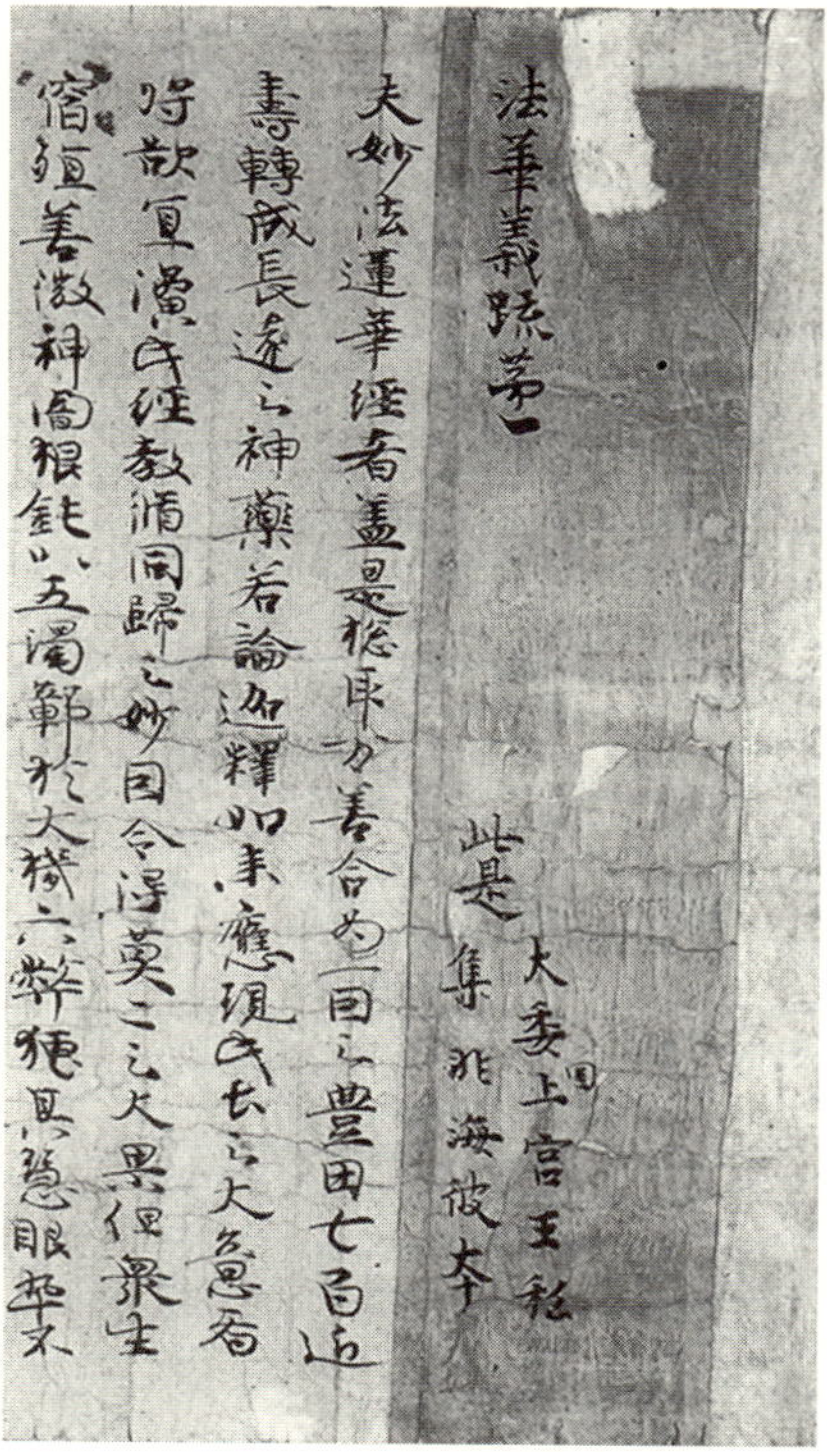

図5　御物・法華義疏第一巻の巻頭部分(宮内庁蔵)．題名とその下の文章は，短冊状の紙に書かれ，貼り付けられたもの

法華義疏第一

此是　大委国上宮王私
集非海彼本

題名(内題)の下の文は「此《こ》れは是《これ》、大委《やまと》国の上宮王《じょうぐうおう》の私集、海彼《かいひ》の本に非ず」と読めます。

この本は、大委《やまと》すなわち倭国《わこく》の上宮王が自身で著したもので、海外の本ではない、という正面切った宣言です。

しかし表現があまりにもはっきりしているだけに、かえってほんとうかという疑念も出てきます。現在この文は、行信が東院に法華義疏を奉納した時に書かれた奈良時代の文と見るのが通説と言っていいでしょう。その根拠は、書かれている文字が奈良時代に流行した唐《とう》の欧陽詢《おうようじゅん》（五五七―六四一）の書き方と似ているから、ということですが、実は確実と言えるものではありません。

そこで注意したいのが「大委国」という表現です。これは倭国を指しますが、あまり見慣れない書き方で、ふつうなら「大倭国」と書くところです。ここに時代を考えるヒントがあります。

国名の「倭」を「委」と書く例で有名なのは、福岡県志賀島《しかのしま》から出た金印（漢委奴国王《かんのわのなのこくおう》）でしょう。「倭」と同音の「委」を使ったわけです。同じ用法は、『日本書紀』にも、「委意斯《やまとのおし》移麻岐弥《やまぎみ》」（継体紀《けいたい》）と出てきます。この前後の記事は、七世紀末に書かれた百済《くだら》の文献を参考にして書かれているので、古代朝鮮《ちょうせん》での用字が反映しているのでしょう。そのほか役所で使った実用的な木簡《もっかん》にも、この「委」は登場します。たとえば藤原宮跡《ふじわらきゅうせき》から見つかった税の荷札に、「伊委之」とあるのがそれで、これは魚のイワシです。藤原宮に都があったのは和銅《わどう》三年（七一〇）までなので、この木簡も、おそくとも八世紀初頭までのものです。

このように、委を倭と同じように使い、ワと読ませる例は、八世紀初めごろまでは見つかるのですが、その後はほとんどありません。八世紀初めという時期は、漢字の発音や書風に大きな変化の見られるときです。朝鮮半島を通じて入った、中国の南北朝時代までの音やスタイルが、新しい唐のそれに取って代わられたのです。「委」が消えてゆくのも、その動向と無関係ではないでしょう。

貼り紙の意図

そうすると先の文章は、少なくとも八世紀のごく早いころ書かれたと見るべきです。それにしても、なぜこんなことが書かれたのでしょうか。それを理解するための出発点は、この文章が短冊《たんざく》形の紙に書かれ、巻頭に貼り付けられているという事実でしょう（図5）。法華義疏を繙《ひもと》いて中を見ようとすると、まず表紙の裏、見返しの空白が眼に入ります。その空白が終わるところ、本文の第一紙のすぐ前に、茶色がかった短冊状の紙が貼られ、先の一文が書かれているというわけです。つまりこの短冊に記された題名や、「海彼の本に非ず」云々《うんぬん》の文は、巻物として巻かれている時にはまったく見えず、開いてみてはじめて目に入るのです。

巻いた状態で見える表紙には「法華義疏第一」という題名だけで、作者名はありませんでしたし、開いて見ても、本文の最初に書名も作者名もないわけです。そこで巻物を開いた時、書名と作者がわかるようにしたのが、この貼り紙に違いないと思われます。おそらくこの巻物は、いくら遅くても七〇〇年ごろまでには、太子の著作として、広げて展観する機会が一度ならずあったのでしょう。貼り紙に自筆と書いてあるわけではありませんが、当然そういう含みだったと思います。

考えてみれば、太子の著作であると示すだけなら、表紙を取り替えて明示すれば済みます。それをあえて避け、表紙には古い題名を切り取って残し、内側に別の貼り紙をして示したところに、義疏の原型をそのままに残したいという、強い意向がうかがえます。太子の生原稿を保存する熱い思いがあったと見てまちがいないでしょう。こうなると、やはり法華義疏は聖徳太子の著作であり、その自筆原稿と見るのが一番妥当だと思います。

プロが書いた字？

問題は、藤枝氏の職業写字生《しゃじせい》が書いた写本という意見です。藤枝氏は、数多く敦煌文献を見てきた経験に立って、次のように言います。法華義疏のように粒のそろった字を一定のスピードで書けるのは、職業写字生だけだと。なるほど法華義疏の字は、かなりの速度で、柔らかな六朝《りくちょう》風の字がよどみなく書かれています(図5)。その芸術性の高さは、衆目《しゅうもく》の一致して認めるところです。また、随所《ずいしょ》に見られる訂正や書き入れは、著者の原稿とする根拠になってきましたが、藤枝氏はこれも敦煌文献などによくあることで、草稿の証拠にならないと言います。これらの指摘は、果たして正しいといえるでしょうか。

確かに膨大な敦煌文献は、中国では珍しい古代の肉筆《にくひつ》資料で、日本の飛鳥、奈良時代の資料を考える上に重要ですが、それればかりを基準に法華義疏を論じるのは疑問です。おおざっぱに言えば、敦煌の資料は、職業写字生の書いた仏教・道教の経典《きょうてん》類と、現地の役人、僧侶、学生らの筆になる文書、書籍の類に分けられます。しかし中央の教養ある文化人が書いたようなものは、都から持ち込まれた特別な書道の手本を除いて、存在しないと言っていいでしょう。そういう敦煌文献の中に法華義疏を置けば、書のできばえからいって、職業写字生の筆となるのはよくわかります。

しかし角度を変えて、たとえば正倉院にある聖武《しょうむ》天皇自筆の『雑集《ざつしゅう》』などはどうでしょうか。その巻物は全長二十一メートルにもなる長巻ですが、一点のくるいもない、褚遂良《ちょすいりょう》風の優れた字で、全巻が書かれています。もし藤枝氏の基準で判断したら、これも職業写字生の筆とならざるをえないでしょう。しかしこの写本は、正倉院に残る天平勝宝《しょうほう》八歳《さい》（七五六）の目録から、聖武天皇の直筆にまちがいありません。もう一度、釈迦三尊の銘文を思い起こしてほしいのですが、職業写字生でなくとも、教養ある知識人は、時代や地域を問わず、ハイレベルの書が書けたのです。職業写字生の書は確かにうまいのですが、どことなく「匠気《しょうき》」と言われるあくの強さがあります。法華義疏にはそういう嫌味がないことに注意すべきです。

訂正や書き入れに関する藤枝氏の意見にも、すぐには同調できません。敦煌の資料にしばしば見られる訂正や書き入れは、もっと雑な荒っぽいもので、法華義疏のように入念ではないように感じます。法華義疏の場合は、単なる訂正や補入ではなく、一つの著作を磨き上げてゆこうとする、明確な意図を持った作業の跡というべきでしょう。

ヘラ書き罫線

実は、法華義疏が知識人による著作の生原稿ではないかと思わせる、別の証拠を挙げることができます。それはこの写本の罫《けい》がヘラで入れられている事実です。長い書物を書く時、行が乱れないために罫線を入れます。それはふつう、細い墨の線ですが、法華義疏ではヘラで線を引き、これを罫にしています。職業写字生の書いた写本として、これが異様なことは、藤枝氏も気づいて特記していました。

しかしこれが知識人の生原稿なら、墨の罫でないのは当然です。墨の罫を引くには、それ用の細く硬い筆と、熟練《じゅくれん》した技が必要になります。素人では、長く細い墨線を簡単に引くことは不可能です。奈良時代の写経所でも、それはプロの職人の仕事でした。ところがヘラの罫なら、道具さえあれば、引くのはそう難しくなさそうです。

これと関連しておもしろいと思うのは、書家《しょか》の西川寧《やすし》氏が気づいた次の事実です(「書法」、聖徳太子奉讃《ほうさん》会編『法華義疏解説』吉川弘文館、一九七一年)。法華義疏は何枚もの紙をのりでつないで巻物にしてあるわけですが、西川氏は、その継《つ》ぎ目の幅がそろっておらず、のりしろが不釣り合いに広くなっている場合もあることに気づきました。西川氏が、それを「いかにも素人《しろうと》くさい」と評したのは言いえて妙《みょう》です。もちろん法華義疏の筆者が地位の高い人であれば、自分で罫を入れ、紙を継いだとは思えません。しかし、側近に罫を入れさせた紙を、ある程度の長さの巻紙にさせて用意し、それに原稿を書いてゆく、そんな光景が目に浮かぶようです。

それはともかく、法華義疏の性格を考えるのに、ヘラによる罫線を軽視してはならないでしょう。ヘラで入れた罫を「押界《おうかい》」と言いますが、押界の例は、日本だけでなく、中国の唐以前の写本にも、少数ながら見られます。それらについては、西川寧氏や角井博氏が調べていますが、特徴は、知識人の書いたものや、書状など私的なものに集中していることです。職業写字生の書いた経典などには絶えて見かけません。中国では、王羲之《おうぎし》の書状、隋《ずい》の智永《ちえい》が書いたという『千字文《せんじもん》』、唐の賀知章《がちしょう》自筆と伝える草書の『孝経《こうきょう》』などが挙げられます。日本で言うなら、光明皇后自筆の『楽毅論《がっきろん》』や『杜家立成雑書要略《とかりっせいざっしょようりゃく》』（いずれも正倉院宝物）などが想起されます。これらに見られる押界は、引き方や幅にもいろいろあり、目的や機能は一様でないかもしれません。しかしヘラの罫では共通し、この罫の意味を考えるには、これらの実例が参考になると思います。

ほかの義疏も太子が書いた？

では、三経義疏と一括《いっかつ》される注釈の内、法華義疏以外の勝鬘経や維摩経の義疏は、どう考えたらいいでしょうか。とくに勝鬘経義疏は、内容のそっくりな注釈を、藤枝晃氏が敦煌文献中に見つけていて気がかりですが、古写本がないので、法華義疏のようにモノとして検討することはできません。ただ、酷似《こくじ》した注釈があるからといって、大陸の著作だと決め付けるのは危険です。また内容がよく似ているから、盗作《とうさく》のようなものと断じるのも、気を付けたほうがいいでしょう。

私は、敦煌本が対照して挙げられている勝鬘経義疏（国民文化研究会・聖徳太子研究会『勝鬘経義疏の現代語訳と研究』上下、大明堂、一九八八、一九八九年）を通読して、次のような言い回しに目を開かれる思いをしました。

此《こ》の譬《たと》えは、前と語《ご》も意《い》も倶《とも》に同じ。

これは「この譬えは、前に出てきたのと言葉も意味も同じだ」という敦煌本の注釈です。類似の注釈は何箇所か出てきますが、勝鬘経義疏では、右のような箇所は次のような表現になっています。

故《ゆえ》に文《ぶん》も意も皆《みな》同じ。

どちらでも趣旨《しゅし》は変わらないわけですが、些細《ささい》なことながら、「語」が「文」になっていることに注意して下さい。敦煌本の作者は、自分の綴《つづ》っていることを「語」(話し言葉)としてとらえているのに、勝鬘経義疏の作者は「文」(書き言葉)と見ているのです。言い換えれば、敦煌本の注釈者は中国語圏の人であるのに対し、勝鬘経義疏を注釈したのは中国語のネイティブではない人物となるでしょう。このような本筋ではないちょっとした表現に、作者の素顔がのぞくのです。

ではなぜ、注釈の内容が酷似しているのでしょうか。それには中国の古い学問がどういう性格を持っていたかを知る必要があります。現代では盗作だと非難されそうですが、中国の注釈は、儒教《じゅきょう》、仏教を問わず、先行《せんこう》の優れた注釈を全面的に踏まえて作られます。皇帝が有名な学者たちを集めて作らせた権威ある注釈書でも、そのあり方は変わりません。それまでの成果をしっかり取り入れるのは少しも悪いことではなく、それにほんの少しでも新見解が加われば、それこそ立派なその人の注釈なのです。独創性やプライオリティーを大事にする欧米風の学問とは、風土が違います。

法華義疏も、中国南北朝時代、梁《りょう》の法雲《ほううん》（四六七―五二九）の注釈、法華経義記をタネ本にしていることがわかっていますが、三経義疏全体を評価する場合も、現代の常識を基準にしては、価値を見損なってしまいます。古代の注釈という視点に立てば、法華義疏や勝鬘経義疏は、決して水準の低いものではないと言えるでしょう。

義疏に書かれていること

そこでいよいよこれらの注釈から、聖徳太子の仏教を考えることになるのですが、その場合、太子の著作という前提でされた研究がすでに多くあり、それが役に立ちます。

太子の仏教は、徹底した大乗仏教《だいじょうぶっきょう》という点に最大の特色があると言えます。大乗仏教とは、一個人の悟りを求めるのではなく、生きとし生けるもの全体の救済を目標とする考え方です。仏教では、悟りに至る道や方法を、乗り物(乗)に譬《たと》えます。太子は義疏のなかで、修行の段階や資質に応じて三つの乗り物(三乗)があるという考えを否定し、ただ一つ、誰にも平等な「大乗」あるいは「一大乗」があるだけだという主張をしていますが、それは、まさに大乗仏教的な考えにほかなりません。

また、法華経の安楽行品《あんらくぎょうぼん》という章に見られる「親近処」という箇所に付けられた注釈は、とくに興味深いものです。「親近処」というのは、修行者が親しむべきものを指すのですが、その一つに静かなところで「常に坐禅《ざぜん》」することが推奨《すいしょう》されています。しかし義疏では、これに異を唱え、それは「小乗《しょうじょう》の禅師」の好むことで、人里から離れたところで坐禅をしているより、世間に出てこの法華経を広めるべきだと、真っ向からこれを否定しています。これは義疏のタネ本である法雲の注釈はおろか、法華経本来の説くところとも食い違う独特な解釈です。広く人々を救おうとする大乗仏教の立場からすると、個人の悟りを求める本来の仏教は、救いのために小さな乗り物しか用意しない「小乗」仏教とけなされるわけですが、太子もまさにそのような考え方だったことがわかります。

倭国での仏教は、初期の迫害《はくがい》を経て、蘇我氏や皇室に認められ、積極的に奨励《しょうれい》される存在になりました。社会を仏教によって文明化し、導こうという時代になった時、小乗仏教ではその要請《ようせい》に応えられません。大乗仏教は統治《とうち》を助ける手段としてふさわしかったわけで、太子はそこに気づいていたのでしょう。七世紀も後半になると、金光明経《こんこうみょうきょう》など国家体制を護持《ごじ》する経典が流行するようになり、状況は大分変わってきますが、大乗仏教を信仰の根本に据《す》える姿勢は、これ以後、朝廷の仏教政策のバックボーンとなったのです。太子が日本仏教の祖《そ》と仰《あお》がれ続けたのも、至極《しごく》当然といえるでしょう。

在家のための仏教

太子の仏教に現れた第二の特色は、在家《ざいけ》のための仏教という点です。在家というのは、出家して僧や尼になるのではなく、世俗の世界で生きるふつうの人々です。すでに見た大乗仏教への傾倒《けいとう》は、その一端でもありますが、太子が選んで注釈した三つの経典にも、それがよく出ています。

三つの内、法華経は大乗仏教の代表的経典だから当然ですが、ほかの二つの経典は、在家の仏教信者が主人公です。勝鬘経では、釈迦の助けを受けて、勝鬘夫人《しょうまんぶにん》という高貴の女性が教えを説きます。維摩経は、維摩居士《ゆいまこじ》というインドの長者が、文殊菩薩《もんじゅぼさつ》を相手に、出家者顔負けの活躍で、大乗仏教の奥義《おうぎ》を解き明かすものです。太子は勝鬘経を推古《すいこ》女帝の御前で講義し、注釈を作ったとされますが、それは朝廷の女性たちを意識した行為に違いないでしょう。また維摩居士は、在家の皇族として、できることならそれに近づきたい理想像だったのではないでしょうか。

日本の仏教と戒律

推古朝の仏教興隆を主導した一人である聖徳太子が、こういう信仰を持っていたことは、その後の日本仏教を考える上にも見逃せません。たとえば、日本の仏教の特徴として、戒律《かいりつ》に関心の低いことが指摘できると思います。インドであれ中国であれ、すべての仏教を信じるものにとって、釈迦が定めたとされる戒律を守ってゆくことは、日常生活の基本でした。

ここで仏教の戒律について詳しく述べることはできませんが(拙著『鑑真』岩波新書、二〇〇九年参照)、本来、仏教徒は、出家の際に、経典に記された正式な手続きを踏んで戒律を授けられ、それを守ると誓いを立てて、俗世間《ぞくせけん》とは別の集団生活を営《いとな》むのが原則でした。戒律にそむく行為をした人も、その集団の中で戒律の定めに従って裁《さば》かれ、俗世間の法律による処罰は拒否されます。したがって仏教徒の教団が力を付けると、君主や政府の言うことを聞かず、コントロールできない危険な勢力になる恐れもあったのです。中国で盛んになった大乗仏教では、教団としての原則もやや緩められたところはありますが、大筋《おおすじ》に大きな違いはありません。しかし日本では、仏教公伝(五三八)から二百年以上も、出家の際、正式に戒律を授けることが行われず、天平勝宝五年(七五三)に来日した唐僧鑑真《がんじん》の一行によって、ようやくこれが実現します。その間、多数の僧尼《そうに》が生まれ、多くの寺院が建てられたにもかかわらずです。

それどころか、太子没後まもなく、推古三十二年(六二四)四月には、一人の僧が斧《おの》で祖父を殴り殺すという事件が起こり、朝廷を驚かせました。もちろん僧の犯罪があってもおかしくないのですが、その場合、出家者たちの間で仏教の戒律に基づく罪が科されるのが筋です。

しかしこの時は、天皇自ら事件の処理に介入し、俗人《ぞくじん》に対すると同じように、「悪逆《あくぎゃく》」という罪でこの僧を裁こうとしています。戒律が僧尼の生活にしみこんでおらず、僧尼による僧団の自治《じち》も働いていなかったことがわかります。先に太子の大乗仏教優先の考え方にふれ、それが教化の手段でもあったことを述べましたが、そういう風潮のもとでは、出家者が俗世間の決まりから自律して活動するのは、歓迎されなかったでしょう。僧尼や寺院は、朝廷の要請に応じて法会《ほうえ》や祈禱《きとう》を行い、貴族や豪族を導いておればよかったのです。

ちなみに鑑真によってもたらされた戒律も、平安時代初めには、天台宗《てんだいしゅう》による独自の戒壇《かいだん》（授戒の儀式のための施設）の設立などもあって、はやばやと骨抜きになっていきます。中世仏教で叫ばれた戒律の復興なども、僧侶個人の資質に限られがちで、受戒方法も変則的なものでした。以来、戒律は日本仏教の中で主役を演じることはなく、今に至るまで、世界でも特異な戒律のない仏教が形成されます。その源にさかのぼってゆくと、推古朝の仏教にたどり着くわけですが、そこで主導的役割を果たしたと見られる聖徳太子が、後世《こうせい》「和国《わこく》の教主《きょうしゅ》」（日本仏教の始祖）と呼ばれるようになるのは、まことに意味深いと言わなければなりません。

第四章

斑鳩宮と法隆寺

若草伽藍跡の塔心礎(奈良文化財研究所　提供)

一　飛鳥と斑鳩

若き太子の住居

聖徳太子は推古《すいこ》十三年(六〇五)十月に、斑鳩《いかるが》(現在の奈良県生駒《いこま》郡斑鳩町)に宮を造って移り住みました。四年前の推古九年二月から造営させた宮です。聖徳太子と言えば、直《ただ》ちに斑鳩の地やそこにある法隆寺《ほうりゅうじ》が思い浮かびます。この章では、太子が生涯を終えたその宮と、法隆寺について見て行くのですが、推古十三年には太子はすでに三十二歳になっており、文字どおりその後半生を斑鳩で送ることになるわけです。ではその前半生はどこで過ごしたのでしょうか。斑鳩の話に入る前に、そのあたりのことを考えておきましょう。

斑鳩との結びつきがあまりにも有名なためか、太子の前半生の居所は、ほとんど話題にされません。太子は、幼年期を過ごした上宮《じょうぐう》を、引き続き住居にしたのではないかという考えもあるでしょう。しかしその上宮は、父用明《ようめい》天皇の宮だった磐余池辺双槻宮《いわれのいけのべのなみつきのみや》(現在の桜井市)

に近い場所だったはずで、飛鳥《あすか》地域からはやや離れていました(一五二ページ図1参照。なお、飛鳥は『日本書紀』では明日香《あすか》と書かれていますが、本書では一般的な表記に従います)。推古女帝が五九二年に飛鳥の豊浦宮《とゆらのみや》で即位して以降、飛鳥が政治の中心となったのですから、太子もそこに居所《いどころ》を持っていたと考えるのが自然でしょう。それが具体的にどこだったのか、現状では何とも言えませんが、私は橘寺《たちばなでら》がその地だった可能性を考えてもよいのではないかと思っています。

橘寺は飛鳥の観光スポットとして有名ですが、起源についてはよくわかっていない寺院です。境内《けいだい》の発掘調査では、七世紀初めの瓦《かわら》が出土していますし、すでに奈良時代に入るころには太子が建立《こんりゅう》した寺院の一つにも数えられていますから、太子と何らかのつながりがあってもおかしくありません。しかし、直接太子と関連する伝えが出てくるのは中世で、太子が勝鬘経《しょうまんぎょう》を講義した推古天皇の宮がのちの橘寺であるということになっています。それはとても認められませんし、いまのところ付近で古代の大きな建物跡などは見つかっていませんが、もともと太子が飛鳥での本拠にした場所で、太子が斑鳩に移り住んでから、別邸か離宮のようになっていたと考えてはどうでしょうか。橘というのは、このあたりの地名と思われますが、太子の父用明天皇の諡号《しごう》が橘豊日尊《たちばなのとよひのみこと》であり、太子の妃《きさき》の一人に、天寿国繡帳《てんじゅこくしゅうちょう》で知られる橘大女郎《たちばなのおおいらつめ》がいることも、因縁《いんねん》を感じさせます。

二　斑鳩という土地

二つの宮の関係

聖徳太子が斑鳩《いかるが》への移住を決めたのは、どういう事情からでしょうか。政治の一線から退くためだったという意見が古くからあります。確かに『日本書紀』によると、斑鳩宮《いかるがのみや》に移った推古《すいこ》十三年以降、太子の出番は少なく、史実《しじつ》と言えるのは、推古二十八年（六二〇）、蘇我《そがの》馬子《うまこ》とともに天皇記、国記以下の史書《ししょ》を編纂《へんさん》したという事績《じせき》ぐらいしかありません。

しかし、『日本書紀』への登場回数で、太子の動静を判断するのは疑問だと思います。第二章で見たように、太子の登場はもともと限られているので、太子が政治の表舞台で活躍したというイメージ自体、考え直す必要があるのではないでしょうか。むしろブレーンとしての役割こそ本領《ほんりょう》ではなかったかと思います。同じミコノミコトといっても、中大兄《なかのおおえ》のように天皇顔負けの行動をした人もあれば、高市《たけち》皇子のように治績《ちせき》が目立たない人もいるのですから。

そうなると次に注目されるのが、斑鳩宮と推古天皇の小治田宮《おわりだのみや》の関係です。推古天皇は、豊浦宮《とゆらのみや》で即位したのち、推古十一年(六〇三)に小治田宮へ移ります。小治田宮は、奈良県桜井市から南西に飛鳥に向かい、平地に出たところの北側に立地していたと考えられています。この小治田宮の造営が開始されたのも、斑鳩宮と同じ推古九年です。

おそらく、かつて石田尚豊《ひさとよ》氏が言われたように、この二つの宮の造営は連動していると思います(『聖徳太子と玉虫厨子』東京美術、一九九八年)。小治田宮が完成した四年後、小野妹子《おののいもこ》を大使とする遣隋使《けんずいし》が派遣され、これを送って来日した隋の使節裴世清《はいせいせい》らが、新宮に迎えられます。その時の外交儀礼《ぎれい》を記録した『日本書紀』の記事から、この宮は南向きで、南門を入ると広場があり、その奥に正殿、その左右斜め前方に脇殿という配置で建物のあったことがわかります。このプランは中国の宮殿の建物配置と基本が同じですから、隋や朝鮮諸国の使いに見せても恥ずかしくない宮殿です。以前の豊浦宮のプランがどういうものだったかはわかりませんが、蘇我氏の邸宅《ていたく》を発展させた宮だったことを考えれば、それほどはっきりした規格は持っていなかったでしょう。その点、小治田宮は、隋の大陸統一を知った倭国《わこく》が、隋をはじめ外国との交渉を意識して、新たに営《いとな》まれた可能性が強いと思います。

隋の使節が見た斑鳩の風景

一方、斑鳩は飛鳥地域のはるか西北にあり、一見なんの関係もなさそうですが、外国使節の着く難波《なにわ》(大阪市)と大和《やまと》(奈良県)を結ぶ交通路の途中を占めています。隋の使節は、難波から昔の大和川をさかのぼり、いまの奈良県王寺町《おうじちょう》を経て、斑鳩のすぐ南を経由し、さらに大和川に注ぐ初瀬川《はつせ》をさかのぼって、現在の奈良県桜井市の金屋《かなや》あたりに上陸しました(図1)。もちろん難波と大和を結ぶ道路も整備されてはいたのですが、多くの荷物を抱えた使節一行ですから、陸上を馬などで行くより、船を使うほうが効率的です。

現在の大和川や寺川の状況では、とても船が使えそうにないので、隋使一行も陸路をとったのだというような議論を見かけますが、今の水量で古代の川を考えてはいけないのです。喜田貞吉《きたさだきち》氏が書いていますが(『読史百話』三省堂書店、一九一二年)、今は小川のような飛鳥《あすか》川さえ、古代には相当な水量があったわけで、常識は通用しません。なにより隋の使節が歓迎を受けた金屋付近は、陸路で飛鳥に入るコースをあまりに離れています。小治田宮は、金屋

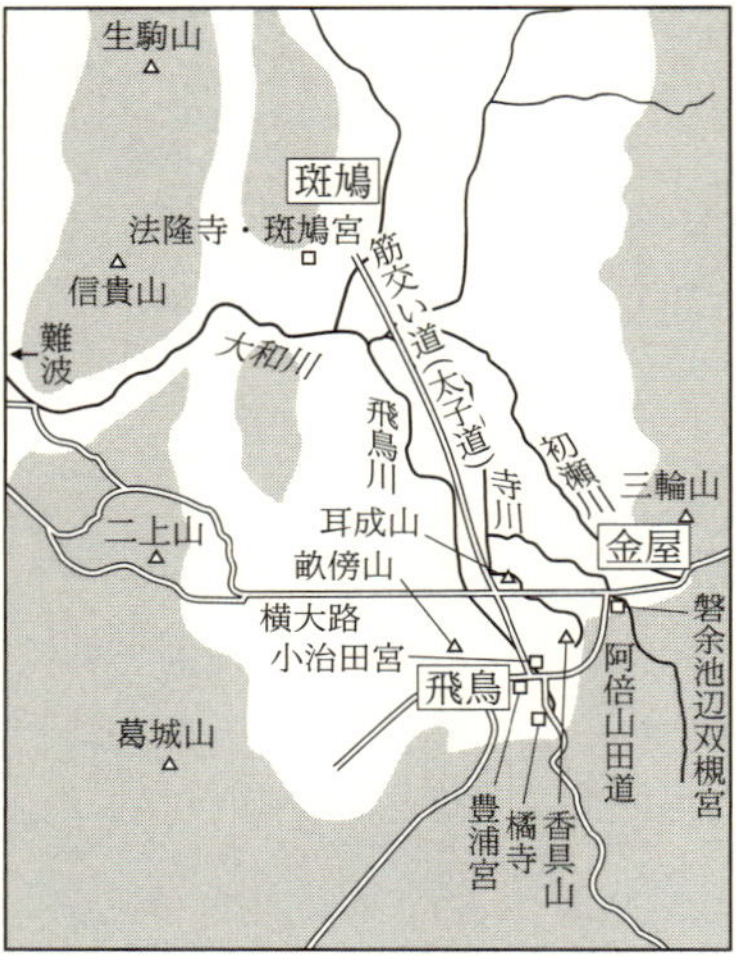

図１　飛鳥と斑鳩の位置関係

付近から南西に阿倍《あべ》山田《やまだ》道をたどれば、程なくのところにあります。

太子の斑鳩宮は、後で述べるように法隆寺と並び立っていたわけで、斑鳩は、飛鳥に向かう外国使節に対し、船上からはるかに宮と寺を遠望《えんぼう》させる絶好のロケーションにあったのです。これも後でふれますが、法隆寺は推古十五年ごろには主要部ができていたと見られますから、翌年やってきた裴世清たちは、船からその堂塔を見て、倭国での仏教の盛んさを実感したのではなかったでしょうか。

もちろん大和川の水運を利用するのは、外国使節に限ったことではありません。むしろ国内の物資輸送路として、後世《こうせい》まで大きな意義を持っていました。このルートを利用する人々にも、共通の印象を抱かせたと思います。

こうしてみると、いよいよ小治田宮と斑鳩宮が、緊密に結びついていたことに思い至ります。やはり二つの宮の計画は連動したもので、当然太子の思惑《おもわく》が働いていたと考えるべきでしょう。

太子道

ところで飛鳥と斑鳩の関係を言う時、見逃せないのが、陸上の交通路です。鎌倉時代の法隆寺僧、顕真《けんしん》が著した『古今目録抄《ここんもくろくしょう》』下に、太子が飛鳥に出かけるとき通った「須知迦部《すじかへ》路《みち》」という道路のことが出てきます。「すじかへ」は「筋交《すじか》い」で、斑鳩から南南東に飛鳥に向かう斜めの直線道路です。この道は現在も断続しつつ続いていて、太子道と呼ばれ、近年はこれをたどるウォーキングなども盛んになってきました。

この道は、いままで太子が馬に乗って一人たどったようなイメージで語られがちですが、こういう規格性の高い道は、まさに公道として整備されたものに違いありません。この道を数々の情報や人が飛び交ったはずで、この道が整備されたのは、それだけ飛鳥と斑鳩が政治的にも強く結びついていた結果に他ならないでしょう。太子は斑鳩に退いたのではなく、進出したのだと言わなければなりません。

三　発掘された斑鳩宮

昔の人が見た斑鳩宮の跡

そこで斑鳩宮《いかるがのみや》の所在《しょざい》ですが、それは長らく法隆寺東院《ほうりゅうじとういん》（上宮王院《じょうぐうおういん》）の地と考えられてきました。八世紀の前半、法隆寺西院伽藍《さいいんがらん》の東に夢殿《ゆめどの》の一郭《いっかく》（現在の東院伽藍、図2）が造営されますが、そのいきさつを書いた「皇太子御斎会奏文《こうたいしごさいえそうもん》」という縁起《えんぎ》が残っています（法隆寺献納宝物）。それによれば、斑鳩宮の跡がひどく荒廃《こうはい》しているのを嘆かわしく思った僧行信《ぎょうしん》（前章で見た法華義疏を法隆寺に寄進《きしん》した人物）が、聖武《しょうむ》天皇の娘で、当時皇太子だった阿倍内親王《あべないしんのう》（のちの孝謙《こうけん》・称徳《しょうとく》天皇）やその伯父藤原房前《ふじわらのふささき》に勧《すす》めて、そこに上宮王院を造営させたというのです。行信がこの地を見た時、まだ遺跡が地上にも現れていて、感慨《かんがい》を催《もよお》させたものと見えます。完成は天平十一年（七三九）と言いますから、すでに房前は亡くなっていますが、造営に協力を惜しまなかったのは確かでしょう。

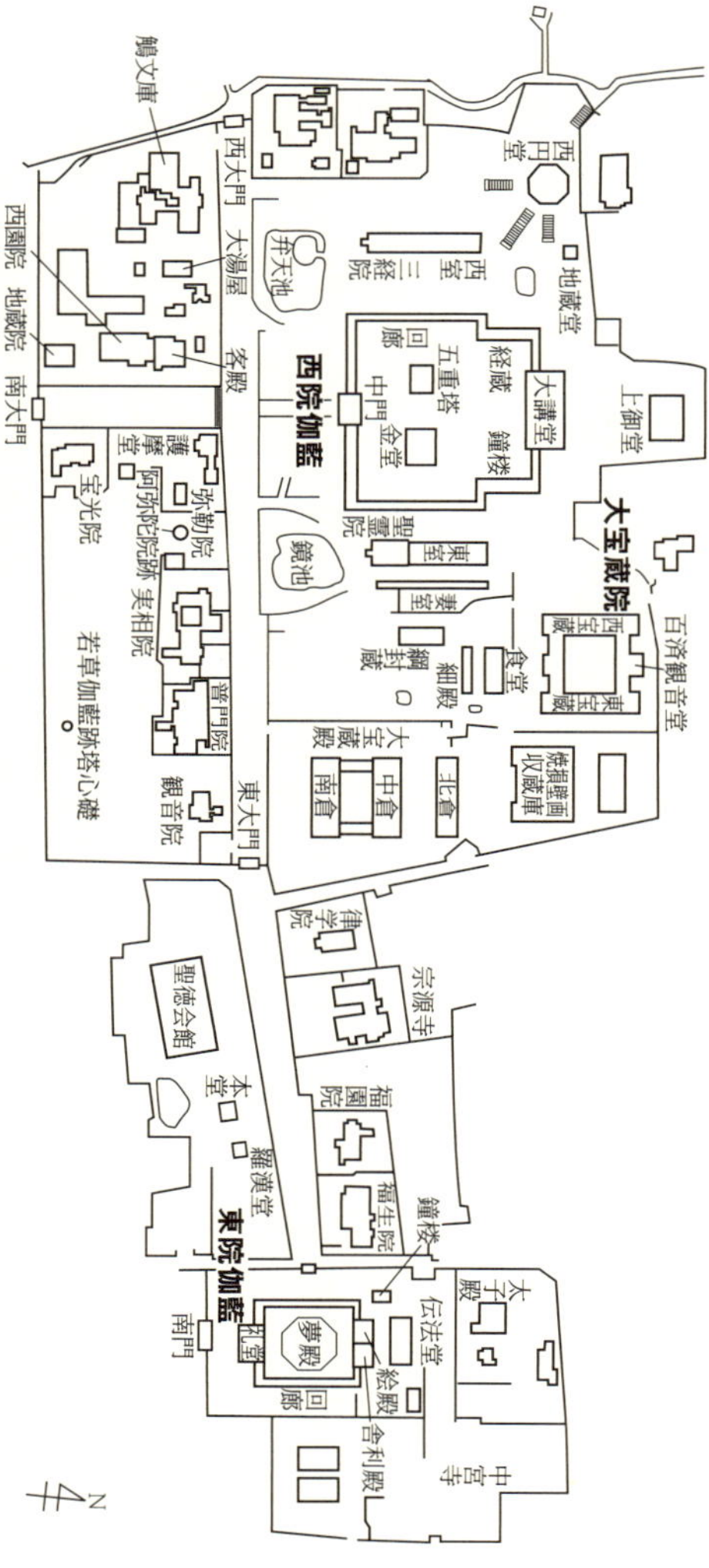
鵤文庫
西大門
西円堂
大湯屋
弁天池
西室
三経院
地蔵堂
西園院
地蔵院
客殿
南大門
西院伽藍
経蔵
五重塔
回廊
中門
金堂
大講堂
鐘楼
上御堂
護摩堂
宝光院
弥勒院
阿弥陀院跡
実相院
鏡池
聖霊院
東室
妻室
綱封蔵
細殿
食堂
大宝蔵院
西宝蔵
東宝蔵
百済観音堂
若草伽藍跡塔心礎
普門院
大宝蔵殿
中倉
南倉
北倉
焼損壁画収蔵庫
東大門
観音院
律学院
宗源寺
聖徳会館
福園院
本堂
羅漢堂
福生院
鐘楼
東院伽藍
南門
礼堂
夢殿
伝法堂
太子殿
絵殿
舎利殿
回廊
中宮寺
N

図2　法隆寺境内図

　このように東院が斑鳩宮の跡地であることはよく知られていたわけですが、先にもふれた顕真《けんしん》の『古今目録抄《ここんもくろくしょう》』には、鎌倉時代前期に夢殿の北にある舎利殿《しゃりでん》を修理する際、舎利殿の東南辺りから、古い大きな柱根《ちゅうこん》を掘り出したことが記されています（上巻裏書）。顕真は、「太子の御所《ごしょ》」が、舎利殿の辺りに東西方向にあったのだとし、時の人が太子の住居を恋い懐《なつ》かしんだと述べています。しかし、東院の建物がある以上、たとえ修理の機会があっても、その遺跡を広く目にすることはできませんでした。

掘立柱の見つけ方

　遺跡が姿を現したのは、はるかに時代が下って、第二次大戦中のことです。当時法隆寺では昭和大修理と呼ばれる国家的な保存事業が継続中で、戦争が始まってからも、次々と古い建物を一旦解体しては組み直す保存工事が行われていました。舎利殿とその西側に連接する絵殿《えでん》、そのさらに北側の伝法堂《でんぽうどう》も、昭和十三年（一九三八）から解体され、一時はすっかり地上から姿を消したのです。この時、地下に建物の遺構《いこう》のあることが確認されたため、珍しく発掘調査が実施されました（国立博物館編『法隆寺東院に於ける発掘調査報告書』一九四八年）。それを担当したのが、保存工事事務所の技師だった浅野清《あさのきよし》氏です。

飛鳥、奈良時代の宮は、多く掘立柱建物《ほったてばしらたてもの》という形式で建てられています。礎石《そせき》を置かず、穴を掘って柱を直接埋める建て方です。ときどき柱の根元が埋まったまま見つかることもあり、『古今目録抄』に見えるのはそれですが、柱根がなければ、建物の痕跡ははっきりした形で残らないという難点があります。浅野氏は、独自の方法でこの困難を乗り越え、発掘調査を成功させました。その方法とは、次のようなやり方です。

そもそも掘立柱建物は、最後に壊される時、柱を抜き取って柱穴《ちゅうけつ》《はしらあな》を埋め戻すか、柱の地上部分を切り取られるのが普通です。切り取られた場合は柱根が残りますが、問題は抜き取られた場合です。浅野氏は、抜き取り穴が埋め戻される時、違う土がその穴に入ることに目を付けました。建物があった当時の地表面を注意深くならして観察すると、柱穴の範囲だけ、土の色が周りと違うのです。実は柱を立てる時も、柱の径より一回り大きい穴を掘り、柱を立ててから周りに土を入れるので、そこも土の色が違い、色の違いは、内側から柱の径、柱穴、周囲の三段階にわかれる理屈です。浅野氏はこういうことに気づいて柱穴の痕跡をたどり、どのような建物が建っていたかを調べ上げたのでした。

それまでの発掘では、柱根か柱を受ける礎石がないとお手上げでしたが、そういう直接の遺物がなくても、建物の規模や配置がわかるようになったわけです。これは考古学の研究史上、画期的な発見といってよく、その後の調査に与えた影響の大きさは計り知れません。こういう発見が、考古学者ではなく、建築史の専門家によって成し遂げられたのも驚きと言えましょう。現在、奈良県の藤原宮跡《ふじわらきゅうせき》や平城宮跡《へいじょうきゅうせき》を始め、全国の古代遺跡で、当たり前のように掘立柱建物が発掘されていますが、浅野氏によるこの方法の発見がなかったら、考えられないことです。

瓦から見える仏堂の存在

さて、そこで発見された斑鳩宮の遺構ですが、残念なことにまだまだ周囲に広がっていますし、時期の違う建物が重なってもいて、全貌《ぜんぼう》はつかみきれていません。しかし長さ二十メートルにも及ぶような大きな建物もあり、それらが一定の方角を向いて、規則的に配置されていることがわかりました(図3)。法隆寺境内のほかの場所での発掘調査が進んだ現在では、この最初に発見された遺構は、宮の全体からすれば東南部分にある中心建物で、西は西院伽

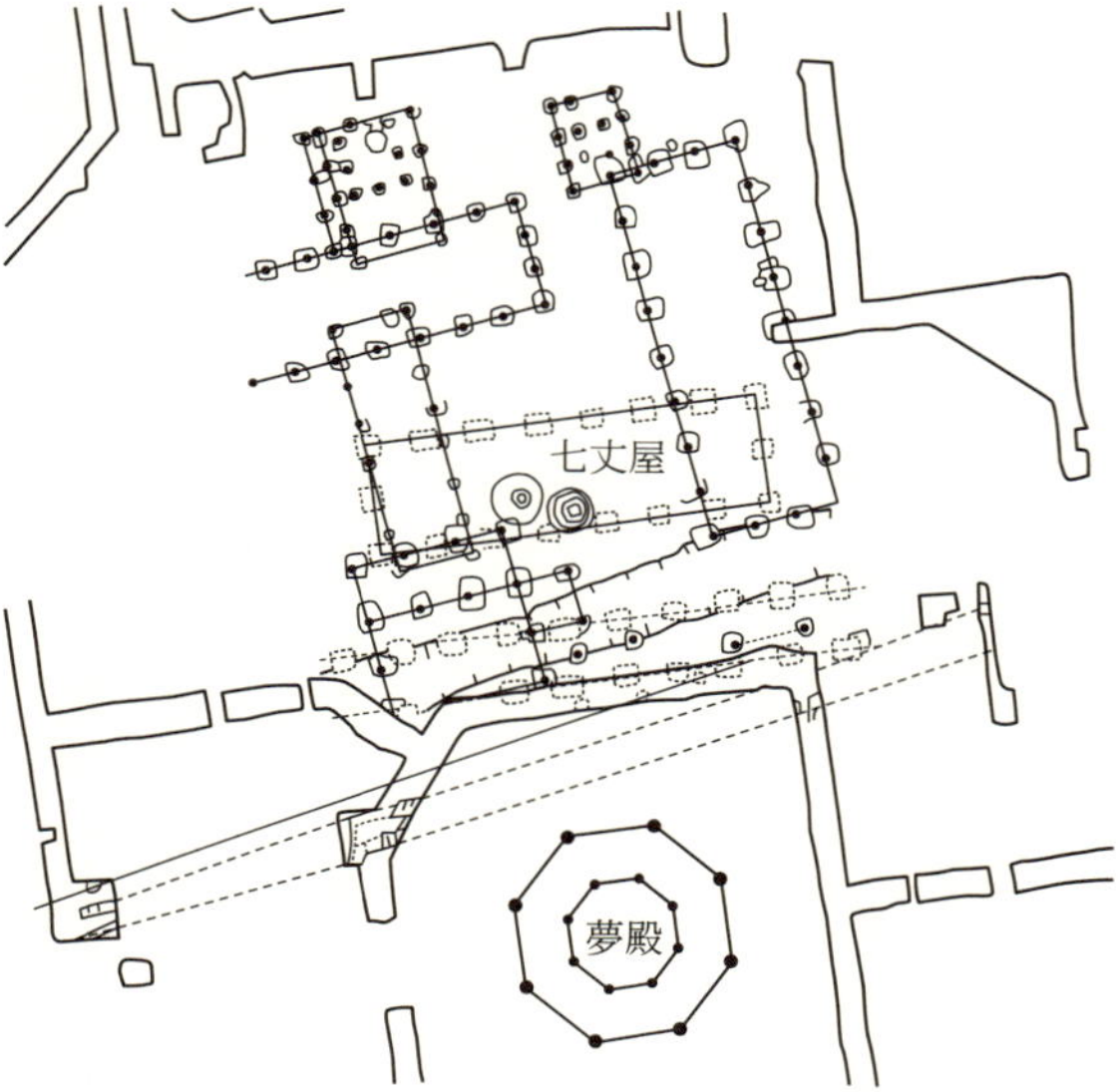

図３　斑鳩宮（法隆寺東院の下層）の遺構図

藍東側の塀近くまで広がっていたと考えられています。ただ、その後の発掘調査と言っても、みな部分的なので、斑鳩宮の全体像は、残念ながら依然《いぜん》として今後の解明を待つという状況です。

その中で注目されるのは、やや小型の古い瓦《かわら》が、少ないですが出土していることでしょう。作られた年代は、文様《もんよう》から見て七世紀の前半とされています。斑鳩宮は、古代の他の宮と同様、掘立柱建物で成り立っていたと考えられますが、掘立柱建物は原則として瓦を使いません。また見つかっている瓦も、普通の建物に葺《ふ》くには小さすぎますし、量も足りません。それでこの瓦は小型の仏堂のようなものが宮内にあって、そこに葺かれたのだろうというのが有力な意見です。

そうすると、宮の隣に法隆寺がありながら、さらに日常の居住空間にも仏教の施設が置かれていたことになります。これらの瓦は、はっきり太子在世中のものとは言い切れませんが、太子の身辺には、仏像や仏具、経典などがあって不思議はなく、それらがこのような仏堂に置かれた可能性は高いと思われます。小型の瓦は、太子やその一族の信仰《しんこう》をうかがい知ることができる貴重な遺物といえるでしょう。

四　宮に併設された法隆寺

法隆寺のなぞ

法隆寺《ほうりゅうじ》は飛鳥《あすか》文化の象徴《しょうちょう》的な寺院として、世界的に有名です。読者のみなさんも、遠足や修学旅行で一度は訪れたという人が多いのではないでしょうか。しかし、法隆寺には、太子に負けず劣らず、多くの不確実な意見、感想が付きまとっていて、意外に確かな情報が一般に伝わっていない気味があります。法隆寺は聖徳太子が建てたことの確実な数少ない寺院の一つですし、太子と切っても切れない関係にありますから、太子の在世《ざいせい》中に限定して、現在わかっていることをここで整理しておきましょう。太子没後のことは、終章でふれることにします。

なお法隆寺には斑鳩寺《いかるがでら》という別名もあります。法隆寺は中国風の仏教的な名称、斑鳩寺は地名による和風の名称です。かつて和風の名が時代的に古く、中国風の名は後から付いたという説も出されたことがありましたが、最初から二つの呼び方があったとするのがいいでしょう。「法隆寺」が仏法興隆《こうりゅう》を意識して、法興寺《ほうこうじ》と対《つい》になるよう考えられた名称らしいことは、前章で書きました。これから後の記述でも、通りのいい法隆寺という名で呼んでいくことにします。

いつ建てられたか

法隆寺がいつ建てられたかについては、金堂《こんどう》に安置されている薬師《やくし》如来《にょらい》像の光背銘《こうはいめい》が、早くから重視されてきました。そこには、太子の父、用明《ようめい》天皇が、用明元年(五八六)に病気になった時、治癒《ちゆ》を祈って薬師如来像を作り、寺を建てる願《がん》を立てましたが、果たさない内に亡くなったため、この願を果たすよう、推古《すいこ》十五年(六〇七)に推古天皇と太子が法隆寺を作ったことが彫り込まれています。これが事実なら何も言うことはないのですが、第一章でふれた福山敏男《ふくやまとしお》氏が、この銘文にも疑問を投げかけ、信頼性に留保《りゅうほ》が付くことになりました。

実際この銘文は、一見、推古十五年現在の文章と見えるのですが、細かくみると、太子のことを「東宮聖王《とうぐうせいおう》」と呼んでいるように、太子没後、太子が尊崇《そんすう》されるようになってからの用語と見られるものが使われています。また、薬師如来に病気の平癒《へいゆ》を祈るのは、七世紀後半になると一般化しますが、七世紀初頭では早すぎるのではないかという心配もあります。いまではこの銘文は、後で述べる法隆寺の再建段階で、寺の由来を説明する縁起《えんぎ》として作られ、新たに作った薬師像の銘文とされたとするのが定説《ていせつ》になっています。

しかし近年になって瓦《かわら》の研究が深まるにつれ、この縁起の価値が見直されるようになってきました。法隆寺の創建の瓦が、大阪の四天王寺《してんのうじ》の創建瓦より古いことが、笵《はん》の研究でわかってきたのです。古代の瓦には、蓮華《れんげ》や唐草《からくさ》の文様《もんよう》がありますが、それらは予《あらかじ》め型を用意し、そこに粘土を詰めて作ります。その型を笵というのですが、笵は使っているうちに傷《いた》み、キズも入ってきますし、そのキズも次第にひどくなっていきます。その具合を調べると、それらが作られた時期の前後関係がわかるわけです。幸い法隆寺の瓦の笵が四天王寺にも使い回されたため、先のような事情が判明しました。

四天王寺の造営過程も確かにはわかりませんが、七世紀の前半であることはまちがいありません。すると法隆寺の瓦は七世紀の早いころのものであることになり、縁起の語る年代とちょうど合うのです。その点、創建の事情はともかく、銘文が語る創建年代は、大体事実と認めてよさそうです。

若草伽藍跡のようす

創建の年代はそれでよいとして、実はこれまで述べてきた法隆寺というのは、現在立っている伽藍《がらん》ではありません。創建当時の法隆寺は、西院《さいいん》伽藍の南東、少し離れた場所にあり、そこは「若草伽藍跡《わかくさがらんあと》」と言い伝えられてきました。この遺跡は、発掘調査の結果、火災にあったことが証明されましたが、この当初の法隆寺と現在の西院伽藍がどういう関係になるのかは、いまなおさまざまな議論があります。それについては、後で詳しく紹介するとして、ここではまず太子在世中の法隆寺を見ておきましょう。

古代の寺院は、主要な建物である塔と金堂などを、どう配置するかで、いくつかのタイプに分けられます。今の法隆寺は塔が西、金堂が東という配置ですが（一五六ページ図２）、創建時には、塔を前に置き、その背後に金堂が配置されていました（図４）。この配置は四天王寺と同じです。

寺院建築は、掘立柱建物《ほったてばしらたてもの》だった宮とは異なり、礎石を用いる礎石建物ですが、塔や金堂の大きさは、礎石が残っていなくてはっきりしません。ただ、基壇の大きさからすると、だいたい今の法隆寺と同じぐらいだったようです。塔の心柱《しんばしら》を受けた心礎《しんそ》だけは伝わり、一時寺外に出たこともありましたが、今は若草伽藍跡の生き証人になっています（章扉写真参照）。

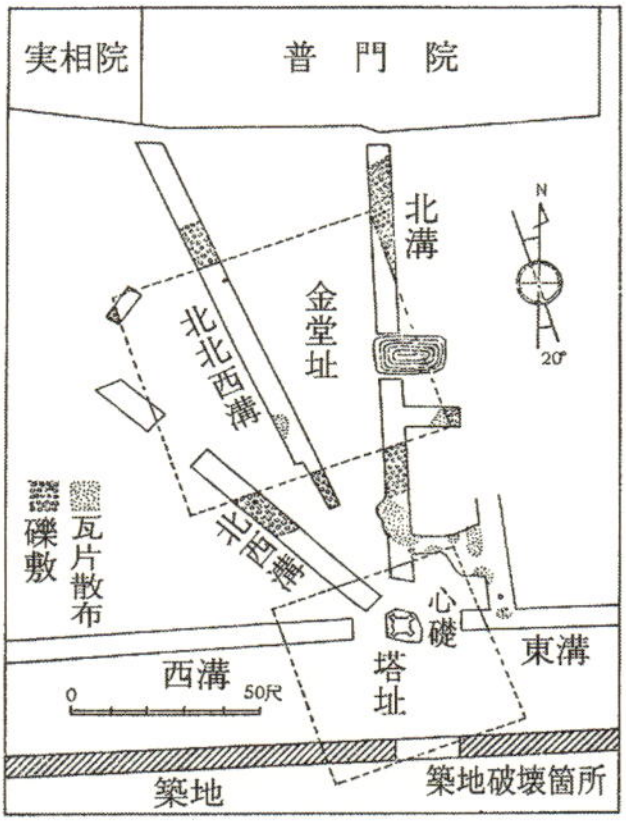

図4　若草伽藍跡の遺構図（石田茂作氏による）

この遺跡が、石田茂《も》作《さく》氏によって最初に発掘されたのは第二次大戦の前ですが、戦後も何回か調査が行われ、新しい事実もわかってきました。まず出土する瓦は、七世紀半ばぐらいまでのもので、のちに再建された法隆寺の西院伽藍で使われた瓦よりも、明らかに古い文様を持っています。一番わかりやすいのは、創建法隆寺の丸瓦は花弁が一重（図5右）であるのに対し、西院伽藍のは二重（図5左）になっています。単弁と複弁の違いです。

また敷地の北西隅近くにあった大きな溝からは、焼けた壁画の断片がたくさん出てきまし

図５　法隆寺の創建当時の瓦（右）と再建時の瓦（左）

た。たぶん主要な建物の壁には画が描かれていて、火災で焼け落ちた後、断片がまとめて溝に捨てられたものと見えます。西院伽藍の金堂や塔にも有名な壁画がありますが、堂塔の規模も似ていたとすると、建物配置こそ違え、創建の法隆寺も、西院伽藍と遜《そん》色《しょく》のない、壮麗《そうれい》な伽藍だったと見ていいでしょう。

寺の敷地の大きさがまだつかめないのは残念ですが、斑鳩宮の西にほぼ隣接し、一八〇メートル四方ぐらいの広さがあったと見る説が妥当《だとう》でしょう。伽藍は、敷地の南東部に位置を占めていたと考えられます。

斑鳩宮と一体の寺

創建の法隆寺が寺院として持っていた最大の特徴は、それが斑鳩宮と一対で作られていたことです。

真北から西に約二十度振れる方位(一六〇ページ図3および一六六ページ図4)も、ほぼ共通します。宮と寺では方位にわずかな差がありますが(奈良文化財研究所『法隆寺若草伽藍跡発掘調査報告』二〇〇七年)、これは以前、浅野清氏が述べたように(『法隆寺建築綜観』便利堂、一九五三年)、地形の違いで生じただけと見るべきです。

このように宮と寺を一対で構想するという企《くわだ》ては、これまでありませんでした。中国や朝《ちょう》鮮《せん》にも、明確な先例は指摘できないように思われます。創建法隆寺の寺域はまだ完全には確定できていませんし、斑鳩宮のプランも、先に書いたとおり、不明ですから、二つが同じ設計計画の下で造営されているとまでは言い切れません。しかし、太子の斑鳩宮への移住が推古十三年、法隆寺の完成が二年後の推古十五年となれば、太子の心積もりとして、宮と寺の並立が意識されていたことは確実でしょう。推古朝が、史上稀《まれ》に見る仏教優先の時代だったことはすでに書いてきましたが、法隆寺は単に外向けの飾りであるのにとどまらず、仏教を核とする太子の政治理念を表すために、宮と並び建てられたと考えられます。

百済宮と百済大寺

同じような宮と寺の計画は、これ以後もほとんどありません。唯一目立つのは、舒明天皇《じょめい》が営《いとな》ませた百済宮《くだらのみや》と百済大寺《くだらおおでら》です。舒明天皇は、即位前、田村《たむら》皇子と言いました。皇子は推古天皇の没後、蘇我馬子《そがのうまこ》の息子、蝦夷《えみし》の後援を得て即位し、その二年（六三〇）に岡本宮《おかもとのみや》、同八年に田中宮《たなかのみや》に移った後、十一年（六三九）に百済宮と百済大寺を造営させました。この宮と寺は百済川のほとりにあり、その年十一月には九重塔が建てられます。天皇は翌年、百済宮に移っていますから、宮はほぼ完成したのでしょうが、寺の造営は未完で、次代に引き継がれました。

百済宮や百済大寺のあった場所は長らく不明で、飛鳥からはなれた奈良県広陵《こうりょう》町方面と推定されたこともあります。そこに百済寺という寺院があることも手がかりとされたのです。しかし、二十世紀も終わるころになって、奈良県桜井市の吉備《きび》で寺院跡が見つかり、事情は変化しました。吉備池廃寺《きびいけはいじ》と呼ばれたこの寺跡が発掘調査された結果、七世紀前半に建てられた大寺院と判明したのです。

この寺では金堂が東、塔が西に置かれ、それらを取り囲む回廊《かいろう》は、東西の幅が百六十メートルもあります。この配置プランは法隆寺の西院伽藍と同じです。しかも、塔の基壇は創建法隆寺の四倍もあり、高さは九十メートルに達したと考えられます。建てられた年代や規模の巨大なことからも、これが九重塔を持つ百済大寺の跡であることは、調査した奈良文化財研究所が推定したとおりでしょう(『大和　吉備池廃寺』吉川弘文館、二〇〇三年)。

こうなると、百済宮・百済大寺と、それに先行する斑鳩宮・法隆寺のつながりが気になります。実は百済大寺の建立《こんりゅう》については、この寺の後身、大安寺《だいあんじ》の縁起に、聖徳太子との関係にふれた次のような話が伝えられています(『大安寺伽藍縁起幷流記資財帳《だいあんじがらんえんぎならびにるきしざいちょう》』、天平十九年、七四七年成立)。田村皇子は推古天皇が病床に臥《ふ》した時、皇位継承をめぐって、聖徳太子の長子、山背大兄王《やましろのおおえ》と対立し、結局、推古天皇の意向に沿《そ》う形で、天皇没後、蘇我氏を後ろ楯《だて》に即位を遂げます。この田村皇子が、少しさかのぼって聖徳太子の亡くなる直前、推古天皇の代理で太子を見舞った時、太子から、熊凝《くまごり》村に建てた道場を大寺院にしてほしいと頼まれ、その遺言を実現したのが百済大寺だというのです。

山背大兄王と対立した田村皇子の立場から言っても、ほんとうに臨終《りんじゅう》の太子との間にこのようなやり取りがあったのかという疑問は、誰しも抱くところだと思います。したがってこの話も、由来を有名人や天皇に持っていく、よくある縁起譚《えんぎたん》だとして、評価しない研究者も多いのです。

聖徳太子と田村皇子

しかし、吉備池廃寺が見つかってみると、宮と寺が一体で造営されている点や、百済大寺と西院伽藍の堂塔配置が同じという以外に、わずかですが双方をつなぐ材料が出てきました。それは、百済大寺跡から、若草伽藍跡で出たのと同じ文様の付いた平瓦が見つかったことです。両方とも同じ型を使って作られています。創建法隆寺を作った工人、工房と百済大寺との間に、なんらかの関係があったことは確かでしょう。さらに、百済大寺の前身とされる熊凝道場は、その後、額安寺《かくあんじ》となりましたが(奈良県大和郡山市《やまとこおりやま》額田部寺町《ぬかたべてらまち》所在)、この額安寺の発掘でも、わずか一点ですが、若草伽藍跡の平瓦と同文様の特徴ある瓦が出土しています。

断片的とは言え、百済大寺をめぐる伝承を、簡単に作り話とはできない事情が出てきているわけです。田村皇子に対する遺言が事実かどうかはわかりませんが、仏教を盛んにして国を治めるという聖徳太子の理想が舒明天皇に受け継がれ、百済大寺で始まったと見られる新しい堂塔配置が、再建法隆寺に継承されるという流れがあったのではないでしょうか。

なお、百済宮や百済大寺について、なぜ舒明天皇がその場所に造営したのかと言えば、飛鳥地域を根城とする蘇我氏に対抗して、飛鳥中心部からあえて遠ざかる意味があったのだという意見をよく目にします。しかし、これも斑鳩宮や法隆寺を念頭に置くと、そう決めつけるのは問題でしょう。先にも書いたように、斑鳩は大和と難波《なにわ》、河内《かわち》を結ぶ交通の要所と評価できますが、百済の地はその交通路の終点に位置しているからです。この場所は、大和川の水系を経て飛鳥に入る喉もとに当たります。飛鳥以外にも朝廷の拠点を分散させる点で、ここにも太子のやり方が受け継がれていると言えそうです。

斑鳩と膳氏のかかわり

宮と寺の一体造営から進んで、太子没後のことに及びましたが、もう一度、斑鳩に話を戻しましょう。太子が斑鳩の地を選んだのは、先に述べたとおり、ここが交通の要《かなめ》だったことによるでしょうが、それだけとは考えられません。大和川の水運に関わる土地は、水系全体に広がっており、大和側に限っても、奈良県王寺町付近から東の平地なら、極端な話、どこでも候補にできます。とりわけ斑鳩が選ばれたのは、それなりの理由があったのでしょう。

まず考えられるのは、聖徳太子と縁故《えんこ》の深い豪族がいたのではないかということです。ほかに格別の原因が想定できなければ、そう見るのが妥当のように思えます。すでにこれまで、その見地から膳《かしわで》氏の名が挙げられてきました。太子の妃《きさき》、膳菩岐々美郎女《かしわでのほききみのいらつめ》を出した氏族です。

膳氏が斑鳩に勢力を持っていたという積極的な証拠は見つかりません。しかし、斑鳩の法輪寺《ほうりんじ》は、鎌倉時代に伝わっていた縁起によれば、太子の死に臨んで山背大兄王と弓削《ゆげ》王が作った寺で、その寺務は高橋朝臣《たかはしのあそん》が掌《つかさど》ったと伝えます。高橋朝臣は膳氏が平安時代初めに改名したものです。またその高橋は、地名にもなって、斑鳩の南東、筋交い道の起点付近に残っています。これらは後からのことと言ってしまえばそれまでですが、少なくとも法輪寺付近は、古くからの膳氏の勢力範囲だったと考えるべきでしょう。

母の中宮寺・子の法起寺

太子の斑鳩移住に合わせ、その一族が周辺に集まりました。まず太子の母、穴穂部間人皇女《あなほべのはしひとのひめみこ》が挙げられます。その宮は皇后の没後、寺とされましたが、それがいま美しい半跏思惟像《はんかしゆいぞう》

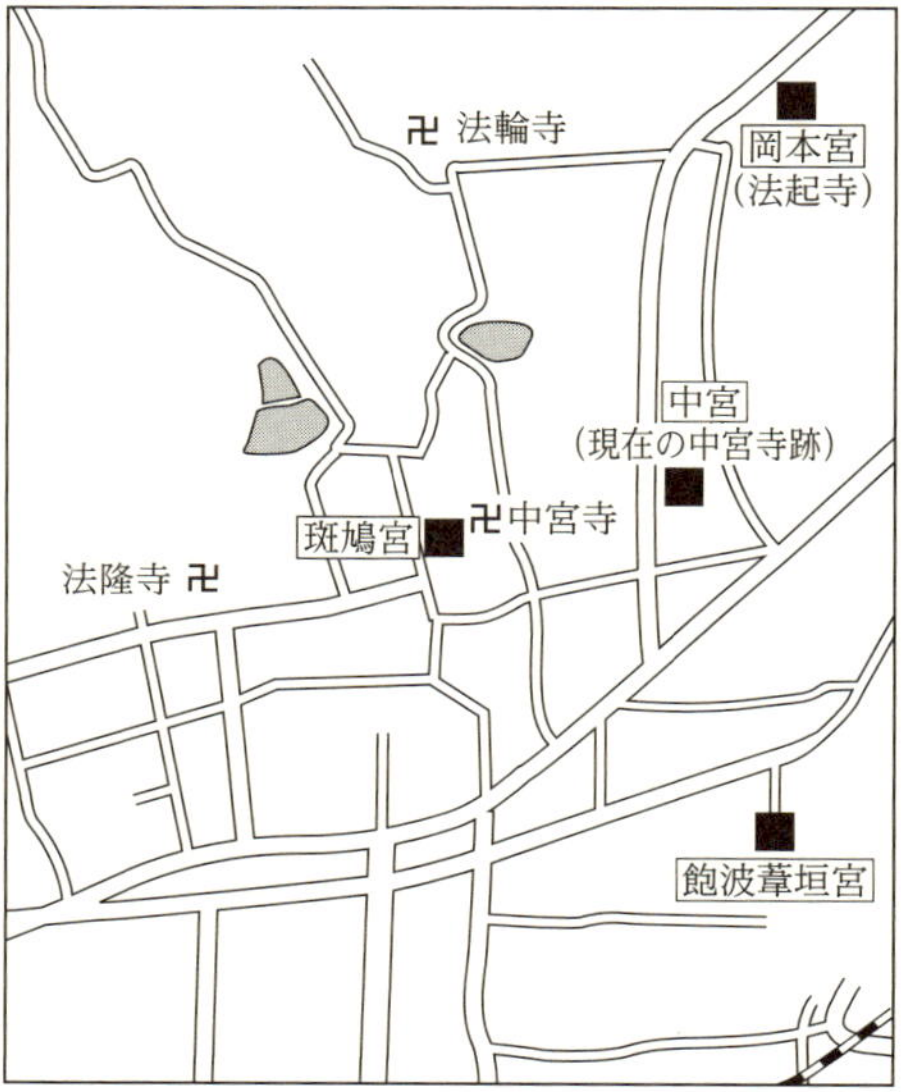

図６　斑鳩地域の太子一族の宮

で有名な中宮寺《ちゅうぐうじ》です。

中宮寺の「中宮」は、皇后の別名としての中宮《ちゅうぐう》とする意見も古くからありますが、近年ではナカミヤという宮名が寺名に転じたとする解釈が有力です。この説も古くからあり、その場合、斑鳩宮と、後で説明する飽波葦垣宮《あくなみあしがきのみや》との中間にあるから、というのが命名の由来とされます（図6）。

中宮寺は江戸時代初めに現在地に移転するまで、五百メートルほど東にありました。現在中宮寺跡として史跡に指定されているところです。古代の中宮も、もちろんその場所にあったはずです。皇后は太子が亡くなる前年に没しましたから、寺の造営はそれ以後となるでしょう。

中宮となならんでよく知られているのは岡本宮《おかもとのみや》です。これも太子の没後、法起寺となりました。その塔の鑪盤《ろばん》(頂上の金属部分)に刻まれていた銘文が伝えられていて(顕真《けんしん》『古今目録抄《ここんもくろくしょう》』上)、それには太子の子、山背大兄王《やましろのおおえ》が、太子の遺言を受けて寺院にしたのが始まりとあります。したがって、太子が亡くなるまでは、ここが山背大兄王の宮だった可能性があります。ちなみに銘文によると、法起寺は丙午年《へいご》(慶雲三年、七〇六年)にようやく完成しました。

飽波葦垣宮と膳妃

さきに名前の出た飽波葦垣宮は、法隆寺の東南、上宮《かみや》付近にあった宮ですが、『大安寺伽藍縁起幷流記資財帳』では、太子がここで病のため亡くなったことになっています。第一章で書いた釈迦《しゃか》三尊《さんぞん》の光背銘からすれば、その時床を並べて病に臥した妃の膳菩岐々美郎女も、ほぼ同時に亡くなるわけで、そのことから膳菩岐々美郎女がこの宮にいたのではないかという意見もあります。近くに高橋の地名があることも考慮すれば、この宮周辺も、いずれかの時点で膳氏の勢力範囲に入っていたのでしょう。

『日本書紀』には推古天皇の没後、皇位継承争いが起きた時、山背大兄王に味方した人物として異母弟の泊瀬《はっせ》王が登場しますが、この人は斑鳩にいて自分の宮を持っていました。泊瀬王の母は膳菩岐々美郎女なので、泊瀬王は飽波葦垣宮を相続して自分の居所にしていたのだろうとする説がありますが(仁藤敦史『古代王権と都城』吉川弘文館、一九九八年)、おそらくそのとおりだと思われます。

これも奈良時代のことになりますが、八世紀の後半、時の称徳《しょうとく》天皇が太子への信仰から、法隆寺に参詣します。その時、飽波宮《あくなみのみや》という宮が『続日本紀《しょくにほんぎ》』に現れますが、これは飽波葦垣宮の後身と考えていいでしょう。飽波葦垣宮がその後皇室に伝領され、離宮として使われたのです。この地は一部ですが発掘調査も行われ、現在公園として整備されています。なお、これまで出てきた太子の家族については、第一章をあわせて参照して下さい。

上宮王家の家計

このように太子の妃たちが集まり住んだということは、その子女たちの生活も、この斑鳩を中心に営まれたと考えていいでしょう。この状態を「太子コロニー」と呼んだ研究者もありましたが(上原和《かず》『斑鳩の白い道の上に』朝日新聞社、一九七五年)、確かにそのようなイメージだと思います。

また当然、その生活を支える経済的な基盤、所領《しょりょう》やその管理をする事務機構などもあったに違いありません。第一章でふれたように、法隆寺金堂の釈迦三尊の台座に、蔵の物資の出納《すいとう》を記した材が転用されているのが発見されています。また最近は、やはり物資の出納状況などを記録した木簡《もっかん》が、仏事に使う幡《ばん》の芯木《しんぎ》に転用されて見つかっています（法隆寺献納宝物）。それらは、太子関係の宮で行われていた事務の一端を示す史料と言えますが、断片的で、全体像をつかめるところまでいかないのが残念です。

なお、太子の宮の収入や支出など具体的なことも、史料がなくて不明ですが、後に法隆寺に入った不動産などは、太子時代のものが引き継がれている可能性も高く、そこから上宮王家《じょうぐうおうけ》の経済を推《お》し量《はか》ることもできます。たとえば奈良時代の法隆寺の財産目録『法隆寺伽藍縁起幷流記資財帳《ほうりゅうじがらんえんぎならびにるきしざいちょう》』（天平十九年、七四七年成立）や『法隆寺東院資財帳』（天平宝字《ほうじ》五年、七六一年成立）を見ると、東は上野《こうずけ》（群馬県）から西は備後《びんご》（広島県）、伊予《いよ》（愛媛県）まで、水田や畠、山林、池などの不動産が散在しています。

大和《やまと》に多いのは当然として、河内（大阪府）や播磨《はりま》（兵庫県）、伊予などにかなり集中しているのは、太子以来の縁があってのことでしょう。斑鳩地域には山部氏《やまべ》という、山林や山の幸《さち》を管理するのを職とした氏族が住み着いていて、後には法隆寺へ幡などの寄進も行っています。この氏族は五世紀には播磨にも広がっていたので、播磨の所領は山部氏との関係も想定できるでしょう。河内については、蘇我氏が滅ぼした物部守屋《もののべのもりや》の所領を引き継いだことが考えられますし、伊予については、太子が道後《どうご》の温泉に出かけていること（『伊予国風土記《いよのくにふどき》』所収、伊予湯岡碑文《いよのゆのおかのひぶん》）が想起されます。これらの所領の所在地には、かなりの割合で法隆寺と同じ系統の文様を持つ瓦を出す遺跡が見つかっており、文化を地方に伝える役割も果たしたと考えていいでしょう（鬼頭清明「法隆寺の庄倉と軒瓦の分布」『古代研究』十一号、一九七七年）。

不動産だけでなく、奴婢《ぬひ》などの労働力も、引き継がれたことと思います。終章で言及する天智九年（六七〇）の法隆寺火災に関係して、寺では奴婢身分の確定を行いましたが、その時定まった家人《けにん》、奴婢たちは、さかのぼればおそらく上宮王家以来の奴婢の子孫でしょう。奈良時代の後半、天平宝字八年（七六四）紀寺《きでら》の奴《ぬ》だった人物が、身分をめぐる訴えを起こし、その証拠の一つに天智九年に作られた戸籍、庚午年籍《こうごねんじゃく》の記載を持ち出したことが、『続日本紀』に載っています。こういう例に照《て》らせば、上宮王家の奴婢たちが、さらに奈良時代の法隆寺に属する賤民《せんみん》につながっていったことも十分想定できるでしょう。これらのことは直接聖徳太子の人物像に関係するわけではありませんが、太子を歴史上の人物として考える場合、見落とすことのできない背景だと思います。

終章

聖徳太子の変貌

法隆寺東院の夢殿

一　初期の太子崇拝と法隆寺の再建

「観音」になる前の太子崇拝

聖徳太子の特異な点は、その没後、歴史的な事実から離れ、人物像が極めて伝説的に変貌《へんぼう》していったことです。時代によるその変化振りは、これまでいろいろな箇所でふれてきました。実際そのことを詳しく説明しようとすれば、優に別の本を一冊用意しなくてはならないと思います。そこで最後に、この伝記の趣旨《しゅし》に深く関わる二つの点に焦点《しょうてん》を絞《しぼ》り、それからの太子について述べておきましょう。一つは伝説的な太子像ができあがる前の段階、とくに法隆寺《ほうりゅうじ》との関係です。また、太子への信仰《しんこう》が近代以降の太子像へ与えた影響についても考えておきたいと思います。

まずはじめは奈良時代ごろまでの状況です。聖徳太子は、やがて観音《かんのん》の化身《けしん》として信仰されるようになりますが、そこに至るまでに、初期の太子崇拝《すうはい》がありました。聖徳太子信仰といってもいいでしょうが、ふつう太子信仰と言えば、観音としての信仰を意味しますので、ここでは太子崇拝と言っておきます。

太子への尊崇《そんすう》が、その没後百年にもならないうちから生じたことは本書の初めのほうで述べましたが、それは決して偶然ではなく、その根底に、太子の並外れた秀才振りがあったのではないかと思います。火のないところに煙は立たぬということでしょう。捏造《ねつぞう》されたと見る向きがあるかもしれませんが、そうまでしてこうした人物像を、わざわざ作り上げる必要があろうとは思えません。太子には、とくに有力な子孫はなく、後から美化して利益を得る勢力も考えられないからです。

それにもかかわらず、太子への尊敬が時期を下るにつれて高まったことは、法隆寺の再建を見るとわかります。そのためにまず、法隆寺が火災にあって再建されたという事実を、振り返って見なくてはなりません。

法隆寺の再建をめぐる論争

法隆寺が建立《こんりゅう》されたのは、前章でも述べたように七世紀初めでしたが、『日本書紀』には天智《てんじ》朝に火災があって全焼したことが記されています。いままで「再建法隆寺」という言い方をしてきたのは、その焼けた法隆寺が七世紀末から八世紀初めにかけて再建され、現在に至っているので、そう呼んだのです。現在の法隆寺は太子創建《そうこん》のままだという信仰も長らく根強く、明治になっても、焼けた、焼けないという意見の対立が、研究者の間にもありました。

明治三十年代(二十世紀初め)にそれが表面化し、名高い法隆寺再建非《ほうりゅうじさいこんひ》再建論争《さいこんろんそう》が展開されます。『日本書紀』の記事は誤りで、金堂《こんどう》や塔を中心とする現在の西院伽藍《さいいんがらん》は太子による建立だとする関野貞《せきのただし》、平子尚《ひらこひさし》(鐸嶺《たくれい》)の両氏に対し、喜田貞吉《きたさだきち》氏が『日本書紀』は信頼できるとして、華々しい論戦が繰り広げられたのです。

大正期には論争もやや下火になりますが、昭和になって足立康《あだちこう》氏が新説をもって登場すると、論争は再び活発になりました。足立氏はこれまでの説の中間を行くかのような見解を示しました。法隆寺は『日本書紀』にあるように天智朝に焼けたが、焼けたのは太子創建の堂《どう》塔《とう》で、聖徳太子の没した直後、その北西に太子の菩提《ぼだい》を弔《とむら》うため建てられた「釈迦堂《しゃかどう》」は無事で、その一郭《いっかく》が現在の西院伽藍に発展したのだ、というのです。つまり、「釈迦堂」は現在の金堂で、それだけは、飛鳥《あすか》時代末期のものが残っているという主張です。

しかしまもなく、残った主な論客《ろんきゃく》たちも相次《あいつ》いで亡くなり、戦争の時代に入ったこともあって、論争は停頓《ていとん》してしまいました。ただ、この論争の中で、関連する飛鳥、白鳳《はくほう》時代の様々な文化財や史料が取り上げられたため、単に法隆寺だけでなく、七世紀から八世紀を扱う美術史、考古《こうこ》学、日本史など、幅広い分野の研究が、大きく進んだことは見逃せません。この本では、論争の詳しい経過に立ち入ることはできませんが、論争の実り多い副産物が、古代を扱う諸学の基礎を築いたといっても言い過ぎではないのです。

発掘で見つかった火事の痕跡

ところでこの論争の帰結《きけつ》を左右するような発掘が、戦争に入るころ行われました。前章でふれた若草伽藍《わかくさがらん》跡の調査です。西院伽藍の南東に塔の心礎《しんそ》が残り、寺の遺跡があることは早くから知られていましたが、詳しく調べられたことがないため、論争に十分生かされては来ませんでした。足立説が出たのがきっかけになり、ここが発掘されたのです。

その結果、すでに見たような四天王寺《してんのうじ》式の堂塔配置も持つ飛鳥時代初めの寺が見つかります。この寺跡からは、火を受けた焼け土や焼けた瓦《かわら》も出てきたので、火災があったことは、これによって証明されたといえます。しかも、この寺の中軸線は真北から西に二十度ほど振れていて、西院伽藍の中軸線がほぼ真北を指しているのとは食い違っていました。「釈迦堂」一郭が創建の法隆寺と並存していたとする足立説には都合の悪い結果です。第二次大戦後、この発掘結果は改めて評価され、火災を否定する研究者はいなくなりました。

六十年前とまちがえた？

ところで文献史料の研究でも、近年になって新たな展開があります。

もともと火災に関して、非再建論では『日本書紀』の記事を認めず、『日本書紀』では天《てん》智《じ》九年（六七〇）に火災が起きたとあるが、実際に火事があったのは、そこから六十年 遡《さかのぼ》った聖徳太子の存命中の推古《すいこ》十八年なのだ、と解釈していました。そして、その時の火災は小規模なもので、現存の法隆寺は創建当時のものだと考えました。

というのは、古代には干支《えと》を使って年代を表記する方法が用いられていましたが、十干十二支《じっかんじゅうにし》と言って、干には甲《こう》《きのえ》・乙《おつ》《きのと》・丙《へい》《ひのえ》・丁《てい》《ひのと》など十種類、支には子《し》《ね》・丑《ちゅう》《うし》・寅《いん》《とら》・卯《ぼう》《う》など十二種類がありますから、それらを「甲子」「乙丑」「丙寅」と一つずつずらしながら組み合わせることで六十年を表すことができます。六十年経てばまた同じ干支に戻るわけです。非再建論では、推古十八年の干支が庚午《かのえうま》《こうご》だったため、『日本書紀』の編者は、そのもう一巡り後の庚午年、すなわち天智九年に火災があったと勘違いしたのだと説明していたのです。これは平子尚氏のアイディアで、その鮮やかな発想は、干支一巡説として一世を風靡《ふうび》したようです。

今日では火災があったことは発掘で確定されています。では、火災の起こった時期が天智朝であることは裏付けられるのでしょうか。実は『日本書紀』は、法隆寺の火災を天智八年（六六九）と九年の両方に記しています。たとえ火災が天智朝にあったとしても、それは天智九年なのか、その火災の規模はどうだったのか、確認しておくことが必要です。

私は文献を丁寧に読み解くことで、まちがいなく火災は天智九年に起き、大規模なものだったことを突き止めることができました。それを詳しく書いていると本筋から遠くなるので、ここでは省かざるを得ないのですが、かいつまんで言えば、太子伝の一つで、平安初期にできた『上宮聖徳太子伝補闕記《ほけつき》』が、重要な手がかりを提供してくれます。

火事が起きたのは戸籍作りの年だった

この本は法隆寺の火災を、天智九年から六十年前の推古十八年(六一〇)のこととして、次のように記しています。

庚午年四月三十日夜半《やはん》、斑鳩寺《いかるがでら》に災《さい》あり。

これは、非再建論の干支一巡説の根拠にもなった記載なのですが、結論を言ってしまうと、むしろ『上宮聖徳太子伝補闕記』のほうが、干支を一巡りさかのぼらせ、火災が聖徳太子の生きていた時代に起きたように見せているのです。

『補闕記』の内容を分析すると、この簡単な火災記事は、本来これだけで独立したものではなく、もとは『補闕記』の終わりのほうにある、法隆寺の火災後の混乱した事情を書いた部分と一連の記事で、太子の舎人《とねり》を出した調使氏《つきのおみ》の記録から出ていることが確かめられます。

火災後の混乱した状況というのは、僧侶《そうりょ》たちが、再建のための新たな寺地も定められず、よその寺の造営に協力しに行く一方、法隆寺に所属する賤民《せんみん》たちが、自分たちの身分について異論を唱えたので、寺の事務をあずかる人物が、その裁定をしなければならなかったというものです。寺が焼けてしまっていたからでしょう、その裁定は、妙教寺というよその寺で行われました。火災がまさに全焼に近いものだったことがわかりますが、それにもまして重要なのは、寺が実質上なくなっている中で、なぜ賤民の身分争いが起き、それを裁く必要があったのかという点です。

その謎は、天智九年に朝廷から戸籍作りが命じられていることを思い起こすと、簡単に解けます。その戸籍というのは、年の干支をとって名づけられた「庚午年籍《こうごねんじゃく》」に他なりません。庚午年籍は、日本最初の全国規模の戸籍で、公民と賤民の区別を明確にしていたため、後々まで氏素性《うじすじょう》を確認する氏姓《しせい》の基本台帳とされ、永久保存となった戸籍です。『日本書紀』によれば、庚午年籍の作成は天智九年二月に命じられましたが、寺院もこれには対応せざるを得ません。

寺が焼失している中、他の寺を借りてまで、賤民の身分を確定しなければならなかったのは、そういう背景があったからこそでしょう。そうすると法隆寺の火災は、天智九年（六七〇）の庚午年以外には考えられません。先ほども書いたように、『日本書紀』には天智八年の記事中にも、「斑鳩寺」(法隆寺)が焼けたという文が出てきますが、この火災は、編者が同じことをダブって書いてしまった結果で、同じような重複記事は天智紀によく出てきます。

かなり古風な建築スタイル

こうして創建の法隆寺は天智九年に焼失したことが、発掘調査や文献史料の検討で確定したわけですが、それで論争がすっかり決着したわけではありません。俗に新再建論と呼ばれる見方があるからです。

これは建築史家の鈴木嘉吉氏を中心に、一部の美術史家によって説かれている説で、やはり西院伽藍の金堂や塔が、創建法隆寺と並存していたという考えです。実は足立説よりも前から、一種の並存説はあり、古くは二寺説とも言われましたが、脈々とその系譜は受け継がれています。

なぜこういう考え方が出てくるかと言えば、西院伽藍の金堂の建築スタイルが極めて古めかしいところに原因があります。もしそれが七世紀末ごろの再建としたら、奈良の薬師寺《やくしじ》などと同時期になるわけですが、いま残る薬師寺の三重塔に比べれば、建築スタイルの違いが歴然としています。常識的に見れば、薬師寺三重塔のような初唐《しょとう》風の建て方が行われる時代に、どう見ても中国南北朝時代的な古めかしい建物が新築されるのは理解できません。そこで主に建築史の研究者を中心に、金堂だけは七世紀の半ばぐらいまでさかのぼってもいい建築だという意見が底流として続いてきたのです。

材木は古いものだった

もっともいまの新再建論は、以前の説の単なる焼き直しではありません。その根底にあるのは、近年有効なことがはっきりしてきた年輪《ねんりん》年代測定の結果です。これは主にヒノキの成長の度合いが、その年々の気候によって左右され、年輪の幅も年によって異なってくるのに目を付け、材木の断面に現れた年輪から、その木が何年ごろに伐採《ばっさい》されたかを読み取る方法です。現在では、材木を横に切り取った正確な写真があれば、そこに現れた年輪を、すでにできあがっている年輪の尺度《しゃくど》に照らし合わせ、いつごろ伐採されたかを言い当てることが可能になっています。

ただ、伐採した木材は、使う時に周りを削られますので、一番外側の部分(辺材)が残るのは稀《まれ》です。辺材が付いていれば、年代判定は万全ですが、削られていればその厚さを推定して年代を出さねばならず、やや精度が落ちてきます。しかし、見た目の様式で建築の年代を考えるより、格段に信頼度が高いことは確かでしょう。

その年輪年代測定を、いまの法隆寺の建築に適用すると、次のような結果が出ました。金堂の部材では六五〇年から六六八ないし九年、五重塔の部材では六六〇年から六七三年、中門の部材では六九九年が、伐採された年代として明確なものです。その他、五重塔の心柱《しんばしら》も調べられていて、これは一段と古い五九三年という結果が出ています。

創建の寺が天智九年(六七〇)に焼けたとすると、とくに金堂の部材については、その前に伐採されていたものが含まれることになります。その中には、工事の中でも比較的後で用意されるはずの天井板があることから、金堂の造営は火災前から始まっていたのではないか、というのが、新再建論の鍵になる主張といえるでしょう。

伐採時期と建築時期のずれ

しかし年輪から読み取られる年代は、あくまでその材が伐採された年です。それがいつ使われたかを示すものではありません。工程上、その部材ならあまり時間をおかずに使われただろうといっても、証明できるわけではないのです。一方で、天皇の代替わりなどの事情で宮の立替《たてかえ》が多く、寺院の建立も盛んだった飛鳥時代のことですから、伐採された用材が長く保管されていたこともないとは言えないでしょう。材を乾燥させる意味でも、一定期間、貯《ちょ》木《ぼく》しておくことがやられていたはずです。現に五重塔の心柱で出た五九三年という伐採年代は、最初に法隆寺が建てられた年代よりも古いわけですから、そういう可能性を考えないと理解できません。

年輪年代から堂塔の建立年代を考えるのには、このような難しさがあるわけで、現在わかっている事実に基づいて、法隆寺の西院伽藍が六七〇年より前から造営されていたと結論するのは、疑問と言わざるをえないでしょう。足立説で問題になった二つの寺の中軸線の方位がまったく合わないのも問題です。若草伽藍跡の発掘が寺域周辺にまで及んでいけば、二つの寺院の敷地が重なってしまうことも大いにありそうです。

そう考えると、焼けた法隆寺はしばらく次の寺地さえ決まらなかったものの、やがてその西北の谷などを埋め立てて整地し、そこに再建されることになったと考えていいでしょう。

持統《じとう》七年（六九三）十月に、天皇が仁王会《にんのうえ》という法会《ほうえ》のための仏具を寄進《きしん》しているので（『法隆《ほうりゅう》寺伽藍縁起幷流記資財帳《じがらんえんぎならびにるきしざいちょう》』）、このころには少なくとも金堂ができていたとするのが、多くの研究者の一致した意見です。その他の建物がそろうのは、五重塔の一層目に仏教的な造形が塑《そ》像《ぞう》で作られた和銅《わどう》四年（七一一）ごろということになるでしょう。

太子を記念するために生まれ変わった寺

以上、長々と法隆寺の火災から再建に至る経過を見てきましたが、それを踏まえ、この辺で本題に移りたいと思います。再建された法隆寺は、聖徳太子とどのような関係になるのかです。

実は改めて西院伽藍を眺めてみると、いろいろと変わった点があるのに気づきます。先にもふれた、著《いちじる》しく古風なスタイルだというのが第一です。第二に、再建であるにもかかわらず、本尊《ほんぞん》が創建時とは違うことです。もし金堂の薬師如来《やくしにょらい》像の光背銘《こうはいめい》（第四章一六三ページ）が事実を伝えているなら、創建法隆寺の本尊は薬師如来だったことになりますが、確証はありません。むしろ、現に金堂の中央に据《す》えられているのは、太子の冥福《めいふく》を祈って作られた釈迦《しゃか》三尊《さんぞん》です。すでに第一章で書いたように、これは太子没後に完成した像ですから、金堂本来の仏でないことは明らかです。

再建後に釈迦三尊が本尊とされた理由は単純でないかもしれませんが、決して偶然とは考えられず、再建後に寺の性格が変わったことを示していると思われます。やはり太子を記念する意味で、ことさら古い飛鳥時代のスタイルの寺が建立され、太子に関係する古い仏像が集められたと見なければ、理解できないでしょう。規模はよく似ていても、創建当初の伽藍とは堂塔の配置が異なるわけですから、これは新しい寺の誕生だったとも言えます。薬師如来がもとの本尊だったとして、その復古作が作られ、釈迦三尊の隣に安置されたことで、寺としての由緒《ゆいしょ》がかろうじてつながっているのです。

国家的な再建

この再建の背後にどういうパトロンがいたのかは不明ですが、太子の一族は当時ほとんど残っていませんし、小氏族《しぞく》の手に負える事業でもなさそうで、おそらく国家的な援助があったと見るべきです。

本来朝廷に納められる一定地域の税を、貴族や寺社に与える封戸《ふこ》という制度がありますが、それまで法隆寺に与えられていた封戸が、天武《てんむ》八年(六七九)に停止されていることから、再建途上の法隆寺は、孤立無援《こりつむえん》で事業を進めなければならなかったように言われたこともあります。しかし、寺の経済基盤は封戸だけではありません。多くの不動産があったことは先にふれたとおりです。封戸の停止は、朝廷の寺院政策全体から出てきたことで、法隆寺だけを狙《ねら》い撃《う》ちにしたものでもないのです。

一方、現在本尊となっている釈迦三尊などは、もとは太子とともに亡くなった膳菩岐々美郎女《かしわでのほききみのいらつめ》ゆかりの場所に祀《まつ》られていたはずですが、それを新たに本尊として迎えることができたのは、氏族を超えた朝廷の力が働いたからでしょう。先に見た持統七年(六九三)の寄進もそうですが、法隆寺の再建が進むと、天武天皇や持統天皇などによる、国家的な法会のための寄進も現れてきます。

とにかく、こういう一見謎めいた再建事情があるため、かつて法隆寺は、太子の怨霊《おんりょう》を鎮《しず》める目的で再建されたとする論が現れたことがありました。それがまちがった解釈に基づく空論だということは今では証明されていますが、そういう論が出てくるのも、この再建がわかりにくいことの印といえるかもしれません。

高まる太子への尊敬

なお、かつて太子一族の住んだ斑鳩《いかるが》地域では、法隆寺の再建に続く形で、法輪寺《ほうりんじ》や法起寺など、一族縁故《えんこ》の寺々が完成します。これらは太子没後から長い年月をかけて造営されたわけですが、その建築様式が、再建法隆寺と同じ古めかしいスタイルだったことも、偶然ではないでしょう。かつての「太子コロニー」の地に、太子の時代を思わせる寺々が姿を現したのも、背景に統一した構想のあったことをうかがわせます。

ではそのような構想の源は何だったかと言えば、やはり太子その人への尊敬の念としか考えられないように思います。そもそも古い時代に、誰かに関係する寺院が建てられたり、その人の事績《じせき》が顕彰《けんしょう》されたりする場合、その子孫、一族など、利害関係のある勢力によって支えられるのがふつうです。しかし天武朝以降で、太子につながる皇族は見当たりませんし、ゆかりの氏族で有力なものもありませんでした。あえて言えば持統天皇が、母方をたどれば蘇我馬子《そがのうまこ》とつながりますが、それも直系とは言いかねます。

それにもかかわらず太子の顕彰が推進されたのは、太子自身に原因があったのではないでしょうか。その太子の資質、役割については、後ほどもう一度ふれたいと思います。

二　女性たちの信仰

信仰の対象となった奈良時代

奈良時代初めに完成した法隆寺《ほうりゅうじ》は、太子創建という由緒《ゆいしょ》は受け継ぎながらも、こうして太子を記念する寺院になったわけですが、まだ太子をはっきりと信仰《しんこう》の対象にしたとまでは言えません。その傾向が確かになるのは奈良時代に入ってからです。

奈良時代には、新たに二つの変化が見られます。一つは、すでにふれてきた慧思後身説《えしこうしんせつ》の導入です。八世紀の初頭に、おそらく遣唐《けんとう》留学僧の道慈《どうじ》によって紹介されたと見られるこの伝承は、唐から持ち帰られた慧思の持ち物だったという法華経《ほけきょう》と一体になって、法隆寺を中心に影響力を広めていきました。慧思の持っていた法華経というのは、実際は六九四年に中国で写された新しい写本《しゃほん》なのですが、年表など完備していなかった当時のこと、すっかり信じられて、ついに天平九年（七三七）には、太子の持ち物として、光明皇后《こうみょうこうごう》から法隆寺の東院に寄進《きしん》されます。もはや太子は、一皇太子という立場を超え、仏教上の聖人になったと言って言い過ぎではありません。

光明皇后がこういう動きに関わっているのは、注目すべきことで、太子への深い信仰を抱いていたことは確かです。たびたび出てきた『法隆寺伽藍縁起幷流記資財帳《ほうりゅうじがらんえんぎならびにるきしざいちょう》』には、皇后が太子の命日《めいにち》である二月二十二日の直前に寄進した仏具などの記載が、しばしば見えますが、それらは資財の分類としては、「丈六分《じょうろくぶん》」(丈六仏のための資財)となっています。丈六と言えば、通常は一丈六尺の大きさを持つ仏像です。しかし飛鳥時代を中心に釈迦《しゃか》仏を指す用法もありました(第三章一〇一ページ参照)。これもその使い方で、金堂《こんどう》の釈迦を指すという解釈が正しいと思います。金堂の釈迦は、第一章でも述べたとおり、聖徳太子と同じ背丈に作られています。命日を前に太子に献じられたのが、それらの寄進物だったのです。

東院の造営と光明皇后

光明皇后の信仰はそれにとどまりません。前章で取り上げた八世紀前半の法隆寺東院の造営(一五五ページ)には、光明皇后の影が見え隠れしています。東院は、表向きは行信《ぎょうしん》の要請を受けた阿倍《あへ》内親王《ないしんのう》が、藤原房前《ふじわらのふささき》の協力などを得て造営したことになっていますが、実際には光明皇后周辺の女性たちが、積極的に推進したようです(図1)。

造営を主導したことになっている阿倍内親王が皇后の娘であることは言うまでもありませんが、房前は皇后の兄です。さらに、その妻は皇后の異父妹で無漏《むろ》女王と言い、彼女も皇后と同じように、太子の命日前に寄進をしています。さらに無漏女王の姪になる橘古那《たちばなのこな》可智《かち》という女性は、法隆寺東院に自分の邸宅内の建物一棟を寄付しました(『法隆寺東院資財帳』天平宝字五年、七六一年成立)。これは東院の伝《でん》法堂《ぼうどう》になって今に伝わっています。光明皇后の信仰が周辺の皇族、貴族の女性たちに感化を与えたのでしょう。

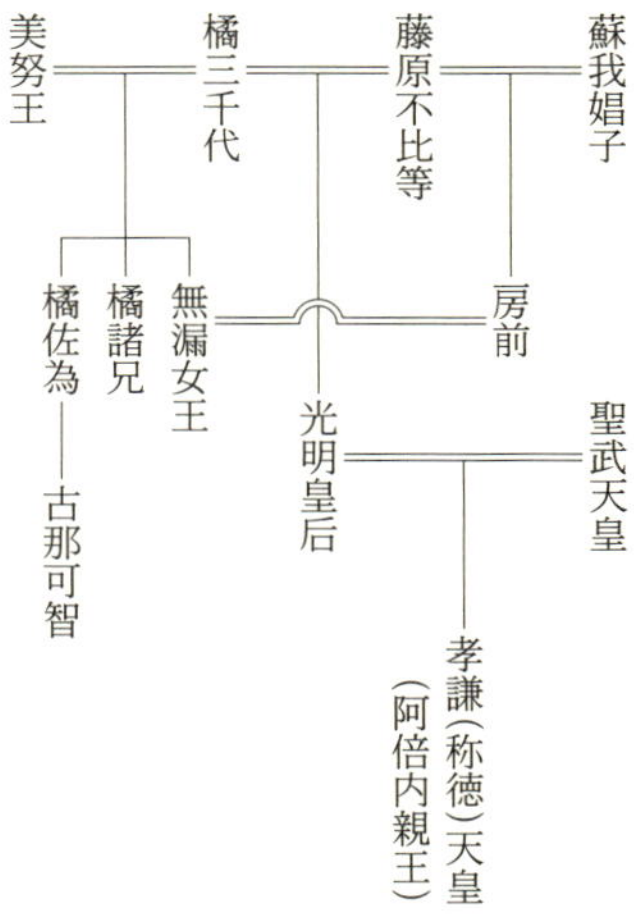

図1　光明皇后と周辺の女性たち

法隆寺では東院の造営中と思われる天平八年に、太子の命日を期《き》して、道慈を講師に迎え、法華経の講義を行う法会《ほうえ》が開催されました。これは恒例の法会として定着し、いまも法隆寺で華やかに行われている聖霊会《しょうりょうえ》（お会式）に発展するのですが、最初の法会開催を指揮した行信のもとで実務に当たったのは、光明皇后の家政を掌《つかさど》る皇后宮職《こうごうぐうしき》の役人、安宿真人《あすかべのまひと》だったことが、「皇太子御斎会奏文《こうたいしごさいえそうもん》」からわかります。東院の造営は、実際には皇后の肩入れで行われたと見てよさそうです。

橘三千代から始まる信仰

光明皇后が、その信仰をどこから得たのかは不明ですが、その母親である橘三千代《たちばなのみちよ》にまで遡《さかのぼ》ることは確かだと思います。法隆寺には、少なくとも中世以来、この女性の念持仏《ねんじぶつ》とされる小さな阿弥陀三尊像《あみださんぞん》が、当初の厨子《ずし》に入って伝えられてきました。法隆寺を代表する文化財の一つです。橘三千代の持ち物というのは、あくまで伝説ですが、作品として、橘三千代が生きた七〇〇年前後のものでまちがいありません。

しかも、石山寺《いしやまでら》に伝来した如意輪陀羅尼経《にょいりんだらにきょう》という仏典の奥書から、三千代が自邸に観無量《かんむりょう》寿堂《じゅどう》という仏堂を持ち、そこに経典を蓄《たくわ》えていたことも知られます。観無量寿堂という名前から判断すると、三千代は観無量寿経に基づき、阿弥陀浄土《あみだじょうど》の様子を思い浮かべながら、阿弥陀浄土への往生《おうじょう》を日ごろから祈っていたのでしょう。まさに伝承の厨子と話が符合《ふごう》してくるわけです。

この橘三千代は、光明皇后の母であるとともに、先ほど挙げた無漏女王の母でもあり（皇后と女王は異父姉妹）、橘古那可智は三千代の孫に当たります。これらの女性たちは、太子が法華経や勝鬘経に通じ、女性の救済に思いが深かったことをわかっていたのでしょう。本来阿弥陀浄土へ往生できるのは男性だけですが、法華経の一章を占める薬王菩薩本事品《やくおうぼさつほんじぼん》には、女性も男子に変じて往生できることが説かれています。その法華経を広めた太子に、女性たちの信仰が集まったのはよく理解できます。

観音になる太子

奈良時代になって、太子への尊崇《そんすう》に生じたもう一つの変化は、観音信仰との合体です。聖徳太子は、平安時代の太子伝になると、慧思の生まれ変わりであると同時に、観音菩薩《かんのんぼさつ》とくに救世観音《ぐぜかんのん》の化身《けしん》とはっきり位置づけられるようになります。前に書いたとおり、この信仰と慧思の転生説《てんせいせつ》との間にまったく矛盾《むじゅん》はないのです。

図 2　夢殿の救世観音像

この太子と観音の一体化が芽生えたのも奈良時代でした。それにも東院の建立が大きく貢《こう》献《けん》したのではないかと考えられます。というのは、東院では金堂に当たるのが夢殿《ゆめどの》で、その本尊は観音菩薩だからです（図2）。この仏像は、『法隆寺東院資財帳』に次のように見えています。

上宮王等身観世音菩薩木像壱軀金薄押《じょうぐうおうとうしんかんぜおんぼさつもくぞういっくきんぱくおし》

木で作られた立ち姿の像で、聖徳太子と同じ背丈、表面全体に金箔《きんぱく》が置かれているため、まるで金銅仏《こんどうぶつ》のような外観です。秘仏《ひぶつ》として守られてきたので、ふだんは拝観できませんが、春秋の一定期間公開されている有名な菩薩像です。

東院が造営された時、どこからか求めだされて本尊に据《す》えられたのですが、これが正真正銘の飛鳥仏《あすかぶつ》、太子が生きた時代の仏像であるのも興味深いことです。その事情は、西院伽藍の金堂の本尊と似ていますが、東院は、西院のように再建されたわけではなく、完全に新営された伽藍であるのに、あえて古い仏像を本尊にしたのは、やはりそれが太子と密接なつながりのある像で、それまで大切にされてきたのだと思います。

そのことは、この像の金箔が、大きな損傷もない状態で残っていることから十分想像できます。一九八〇年代半ば、この像が珍しく東院の夢殿から寺内の聖徳会館に移されたことがありましたが、鈍く金色に輝く姿は大変柔らかく、その優しい印象は忘れられません。近年この像は、もと西院の金堂の西の間にある飛鳥時代の台座の上に祀《まつ》られていたのが、東院の本尊として移されたのだという説も出ましたが、背丈が高すぎてそれはありえないでしょう。ともあれ、この本尊が迎えられたのは、すでに太子を観音になぞらえることが行われていたからではないかと思います。

いま残っている太子の伝記が、神秘的な色彩を濃くしてくるのは、序章で書いたように奈良時代からですが、太子の人物像は、すでに奈良時代の半ばになると、そのようなものに変《へん》貌《ぼう》しつつあったのです。その後の展開に関しては、これまでいくつかの箇所で簡単ながらふれましたから、省略したいと思います。

三　近代から現代へ

聖徳太子は偉人ではない？

聖徳太子をめぐって書いてきた本書も、そろそろしめくくらねばなりません。最後に全体にわたる感想を述べておきましょう。

江戸時代から近代への転換期に、太子のイメージが激変したことは序章に書いていますが、この時新たに打ち出された人物像も、決して客観的なものではありませんでした。太子が皇太子として天皇中心の国家を目指し、人々の先頭に立って政治や文化を指導していったかのようなイメージは、それまでの超能力者としての太子像の裏返しに他ならないでしょう。

このような理想的な太子像を疑う動きは、早くからありました。第二次大戦の前に、津田《つだ》左右吉《そうきち》氏が十七条憲法を『日本書紀』編者による捏造《ねつぞう》と考えたり（『日本上代史の研究』岩波書店、一九四七年）、福山敏男《ふくやまとしお》氏が、法隆寺《ほうりゅうじ》や太子関係の銘文《めいぶん》、縁起《えんぎ》を後代《こうだい》の製作と断じたりしたのがそれです。戦後になって、小倉豊文《おぐらとよふみ》氏が打ち出した、三経義疏《さんぎょうぎしょ》は太子の著作ではないとする研究も、すでに戦時中に準備されていたものです(『聖徳太子と聖徳太子信仰』綜芸舎、一九六三年)。それらは戦後の学界に大きな影響を及ぼします。詳しく研究の数々を挙げている暇はありませんが、明治以降に確立されたかに見えた聖徳太子像は、そのままでは通用しなくなり、それどころかすべてを否定する論者も現れたことは、本書の初めに見たとおりです。その中で、坂本太郎氏の聖徳太子伝(人物叢書《そうしょ》『聖徳太子』吉川弘文館、一九七九年)が、古い太子像をそのまま再現したことは、むしろ驚きでした。

本書では、かつてのような偉人としての太子を認めることはしていません。しかし、なにもかも否定することには反対しました。少なくとも法隆寺金堂《こんどう》に安置される釈迦三尊《しゃかさんぞん》像の光《こう》背銘《はいめい》は、太子没後まもなくの史料であることが、モノの面から証明されます。聖徳太子が亡くなる前から「法王《ほうおう》」(法皇《ほうおう》)と呼ばれ、その時代が「法興《ほうこう》」の世であったことは、否定しようのない事実なのです。太子像は、最低限それを踏《ふ》まえて築《きず》かれなければなりません。

過激な知識人としての太子

　しかし一方、『上宮聖徳法王帝説《じょうぐうしょうとくほうおうていせつ》』や『日本書紀』の描く太子像は、なんと影が薄いことでしょう。太子を偉大な政治家、外交官とする見方は、『日本書紀』の記述を相当膨《ふく》らませなければ出てくるはずのないものです。とくに太子が、推古天皇の皇太子として「政を録《ろく》摂《せつ》」し、「万機《ばんき》を以て悉《ことごと》く委《ゆだ》」ねられたという記事と、太子が亡くなった後の、仰々《ぎょうぎょう》しい誉《ほ》め言葉を連《つら》ねた追悼《ついとう》記事を取り除いてしまうと、極端な話、政治の現場で太子が活躍した跡を捜《さが》すのはほとんど不可能と言ってもよいくらいです。言うまでもなくこの二つの記事は、有名ではあるけれど、確かな拠《よ》りどころに基づいているとは認められていません。超能力者としての太子は近代になって否定され、新しく現れた偉人としての太子にも疑問符がついたわけですが、まだそれらの残影は、太子像を考える時にまとわりついている感があります。

　したがって本書では、太子の役どころは、中国の学問や仏教に対する持ち前の深い造詣《ぞうけい》をもって、蘇我馬子《そがのうまこ》の主導する政治や外交に、政策を提言し裏付けを与えることにあったと考えました。十七条憲法の立案や、隋《ずい》への国書に見られる「日出処《ひいずるところ》」「日没処《ひぼっするところ》」の表現は、太子なくして考えにくいと思います。あえて隋に対して「天子《てんし》」を主張することなどは、たとえ太子に帰化人《きかじん》のブレーンがいたとしても、出てくる発想ではないでしょう。また、これまでふれませんでしたが、冠位十二階《かんいじゅうにかい》の名称も独特です。冠の名は、儒教《じゅきょう》で大切にされる五つの徳目、仁・礼・信・義・智を基本に付けられていますが、ふつうの順序なら上から仁・義・礼・智・信です。これによらずに礼や信を上位に置くのは、中国でも稀《まれ》なことで、隋代にできた『五行大義《ごぎょうたいぎ》』(巻五)によったのだといわれていますが、ここにも独自の価値観に基づく太子の選択が働いていると考えられます。さらに徹底した大乗仏教《だいじょうぶっきょう》の思想で社会を導くという考えも、渡来《とらい》した僧侶《そうりょ》たちの常識を超えるところがあったのではないでしょうか。行動的ではないが頭は冴《さ》え、自分のポリシーをもって外来文化を取り入れる、ある意味過激な知識人というのが、私の抱く感想です。

このような人物が、六世紀から七世紀に生きていたというのは、ほんとうに珍しいことだと思いますが、同時代やそれに続く時代の人々も、同じように感じたでしょう。それが在世《ざいせい》中から始まった太子崇拝の原因だと思います。突出した個性が、あまりにも早く伝説化を促《うなが》したと言わなければなりません。

あとがき

私は、中学から高校にかけて、六年一貫の受験校で過ごしました。国立大学を目指す生徒が主流の中で、歴史や仏像が好きな私は、親や学校の意向から外れた変わり者でしたが、いまもそういう環境で学ばせてもらったことに感謝している点があります。それは、できる人がどれだけできるかを、目《ま》の当たりに体験したことです。理科系の科目も文科系の科目も、それどころか体育、音楽、美術まで、啞然《あぜん》とするような成績をあげる人がいるのです。もしそういう環境に置かれなかったら、自分の周りの狭い交流だけで、人間を考えてしまうことになったでしょう。語り継がれてきたような聖徳太子は、あまりに超人的で現実にはいそうもありませんが、この私の経験からすると、その伝説の核には、大変な天才的人材がいたのではないかと思えてならないのです。

本書を読んで、聖徳太子や飛鳥《あすか》時代について、さらに勉強したいと思う人がいたら、著者としてこんな嬉しいことはありません。そこでほんとうは本文中に参考となる本などを挙げるべきなのですが、あまり煩《わずら》わしくなるのもどうかと考え、必要最小限のものにしました。ただ、この本で書いたことのほとんどは、私がいままで研究してきたことをもとにしていますので、難しいでしょうが、左の諸書に載《の》せた関係する論文や注釈《ちゅうしゃく》を見ていただければ、もっと詳しく根拠がわかるだろうと思います。もしそれらで書いたことと変わった点があれば、それは新しいこの本の考えを、私の今の意見と思って下さって結構です。また、第三章の法《ほっ》華義疏《けぎしょ》についての叙述には、三番目の本に載せた文章を、少し変えて取り入れました。法華義疏について私の言いたいことは、そこですでに言い尽くした感があることによります。そちらを見られた方には、ご了解をお願いします。

『日本古代金石文の研究』岩波書店、二〇〇四年
『日本古代史料学』岩波書店、二〇〇五年
『大和古寺の研究』塙書房、二〇一一年
『書の古代史』岩波書店、二〇一〇年

『史料学遍歴』雄山閣、二〇一七年
『上宮聖徳法王帝説』(東野治之校注)岩波文庫、二〇一三年
「昭和の紙幣と法隆寺・正倉院の文化財」(『文化財学報』三〇集)二〇一二年

もう一つ断っておきたいのは、この本は伝記だと言いながら、「はじめに」でも書いたとおり、ずいぶんふつうの伝記とは違った形になっていることです。生まれた時から順に生涯を追ってみたいという人には、違和感があると思います。通常の伝記なら出てくることで、本書にふれなかったこともないとは言えません。このような形にしたのは、本書独自の見方をはっきりさせたいためですが、ふつうの体裁の伝記なら、これまで出版されたものが、いくつもあるからでもあります。

もし伝統的なスタイルに近い伝記から一つ推薦《すいせん》せよと言われたら、私は吉村武彦氏による岩波新書の『聖徳太子』(二〇〇二年)を挙げます。古い研究から近年のものまで、幅広く目配りしながら、偏りのない判断を働かせて、日本史の立場から氏独自の太子像を描いた労作《ろうさく》です。正直なところ、私はこの本を読んで、もう太子の伝記は書けそうもないと思ったくらい

です。もちろん本書とは意見の違いや話題の重なりもありますが、本書の穴を埋める意味で、ぜひ吉村氏による伝記をあわせ読んでいただきたいと思います。

顧みると私は、少年時代から法隆寺《ほうりゅうじ》には強い関心を持ちながら、研究者となっても、聖徳太子の研究に本格的に取り組むことを避けてきました。その原因は「なんとでも言える」不確かさにありましたが、法隆寺史の編纂《へんさん》委員に加えていただき、恵まれた条件のもと、関連の調査をする中で、状況が一変しました。釈迦《しゃか》三尊《さんぞん》の銘文《めいぶん》という確かな拠《よ》り所に出会ったからです。一人ずつ御名前は挙げませんが、改めて関係の方々に厚く御礼申し上げます。また最後になりましたが、ジュニア向けという視点から、終始適切な助言を惜しまれなかった編集部の朝倉玲子氏にも、心から御礼を申し述べたいと思います。

二〇一七年三月二十二日　聖霊会の日に

東野治之

聖徳太子年表

年代	年齢	聖徳太子と一族関係の事項	一般事項
五三八(欽明朝)			百済から仏教が公式に伝わる
五七四(敏達3)	一	誕生。父は大兄皇子(後の用明天皇)、母は穴穂部間人皇女	
五八七(用明2)	一四	蘇我馬子の軍に加わり、物部守屋を討つ	
五八八(崇峻元)	一五		法興寺(飛鳥寺)の建立開始
五八九　2	一六		隋が中国を統一
五九二　5	一九		蘇我馬子の命で崇峻天皇が暗殺される
五九三(推古元)	二〇	「皇太子」となる	四天王寺の建立開始
五九四　2	二一	推古天皇の命を受け、蘇我馬子とともに仏教を興隆させる	
五九五　3	二二	高句麗から来た僧慧慈を師とする	
五九六　4	二三	伊予の温泉(現在の道後温泉)に出かける	法興寺が完成
五九七　5	二四		百済から阿佐王子が来日
六〇〇　8	二七		遣隋使派遣
六〇一　9	二八	斑鳩宮を造り始める	
六〇二　10	二九		来目皇子が新羅討伐の将軍となり、北九州に出陣
六〇三　11	三〇	大楯と靫を作らせる	来目皇子が没し当麻皇子に代わるが、新羅討伐は中止。冠位十二階が制定される

六〇四	12	三一	十七条憲法を作る	冠位を諸臣に授ける。宮門出入の礼儀を改める
六〇五	13	三二	斑鳩宮に移る。王族や諸臣に褶を着用させる	法興寺の銅と刺繡の丈六仏像が完成
六〇六	14	三三	勝鬘経、法華経を講義する	
六〇七	15	三四	法隆寺(斑鳩寺)を建立する	遣隋使小野妹子を派遣
六〇八	16	三五		小野妹子、隋使裴世清らとともに帰国。妹子、隋使を送って再渡航、高向玄理・僧旻・南淵請安ら留学
六〇九	17	三六		小野妹子帰国
六一三	21	四〇		難波と大和を結ぶ大道が作られる
六一四	22	四一		遣隋使犬上御田鍬を派遣
六一五	23	四二	師の慧慈が高句麗に帰国	犬上御田鍬帰国
六一八	26	四五		隋の滅亡の報が伝わる
六二〇	28	四七	蘇我馬子とともに、天皇記・国記等を作る	百済から伎楽が伝わる
六二一	29	四八	母の穴穂部間人皇女が没する	
六二二	30	四九	太子が妃の膳菩岐々美郎女とともに斑鳩宮で没する	
六二三	31		太子追善のための釈迦三尊が作られる	
六二六	34			蘇我馬子が没する
六二八	36		推古天皇が没し、太子の子山背大兄王と田村皇子の後継争いが起こる	
六二九(舒明元)				田村皇子が即位(舒明天皇)

六三〇 2			遣唐使犬上御田鍬を派遣
六三二 4			犬上御田鍬に従って僧旻帰国
六三九 11			百済川のほとりに宮と寺を作る
六四〇 12			高向玄理・僧清安(南淵請安)ら、新羅経由で帰国
六四三(皇極2)		蘇我入鹿、斑鳩宮を襲撃、山背大兄王とその一族を自殺させる	
六四五(大化元)			蘇我入鹿、中大兄皇子らに暗殺される
六四六 2			改新の詔が出される
六七〇(天智9)		法隆寺が全焼する	
七一一(和銅4)		法隆寺の再建がほぼ終わる	
七三九(天平11)		このころ上宮王院が建立される	

図版引用元一覧

『奈良六大寺大観』(奈良六大寺大観刊行会編、岩波書店)
第1巻(一九七二年) 第一章扉(撮影:渡辺義雄)・第四章図5(撮影:渡辺衆芳)
第2巻(一九七九年) 第一章図1(撮影:米田太三郎)
第4巻(一九七一年) 終章図2(撮影:辻本米三郎)
第5巻(一九七一年) 終章扉(撮影:渡辺義雄)
『大和古寺大観』(岩波書店)
第1巻(町田甲一編、一九七七年) 第三章扉(撮影:入江泰吉)
第4巻(西川新次編、一九七七年) 序章図4〔右〕(撮影:米田太三郎)
『日本絵画館1 原始・飛鳥』(亀田孜・日下八光編、講談社、一九七〇年) 第三章図1・2
『聖徳太子展』(東京都美術館他編、NHK、二〇〇一年) 序章図4〔左〕
『法隆寺寳物集 第1輯』(奈良帝室博物館編/出版、一九二二年) 第三章図3

作図参考

『法隆寺ハンドブック』(聖徳宗総本山 法隆寺、二〇一六年) 第四章図2
『法隆寺を歩く』(上原和、岩波新書、二〇〇九年) 巻頭系図、第四章図6

『聖徳太子と斑鳩展　藤ノ木古墳・法隆寺をめぐる人びと　平成一〇年度春季特別展示図録』（橿原考古学研究所博物館、一九九八年）　第四章図3・6

＊建造物や資料の所有者および写真提供者については、各図版キャプションまたは本文中に示した。

索　引

1. ある項目を主題とする章・節がある場合，その標題の箇所のみ示した．
2. 項目の中には，関係の記述を要約して 1 項としたものがある．

あ　行

か　行

さ　行

た　行

な　行

は　行

ら　行

わ　行

東野治之
1946年西宮市に生まれる
1971年大阪市立大学大学院修士課程修了
専攻—日本古代史・文化財史料学
現在—奈良大学・大阪大学名誉教授，日本学士院会員，
　　東京国立博物館客員研究員
著書—『木簡が語る日本の古代』
『正倉院』
『遣唐使』
『鑑真』(以上，岩波新書)
『上宮聖徳法王帝説』(校注，岩波文庫)
『書の古代史』
『日本古代金石文の研究』
『日本古代史料学』
『史料学探訪』(以上，岩波書店)
『遣唐使船 東アジアのなかで』
『貨幣の日本史』(以上，朝日新聞社)
『史料学遍歴』(雄山閣)ほか

聖徳太子—ほんとうの姿を求めて　岩波ジュニア新書 850

2017年4月20日　第1刷発行
2023年7月5日　第3刷発行

著　者　東野治之《とうのはるゆき》

発行者　坂本政謙

発行所　株式会社 岩波書店
〒101-8002 東京都千代田区一ツ橋 2-5-5
案内 03-5210-4000　営業部 03-5210-4111
ジュニア新書編集部 03-5210-4065
https://www.iwanami.co.jp/

印刷・三陽社　カバー・精興社　製本・中永製本

ISBN 978-4-00-500850-6　Printed in Japan

岩波ジュニア新書の発足に際して

きみたち若い世代は人生の出発点に立っています。きみたちの未来は大きな可能性に満ち、陽春の日のようにひかり輝いています。勉学に体力づくりに、明るくはつらつとした日々を送っていることでしょう。

しかしながら、現代の社会は、また、さまざまな矛盾をはらんでいます。営々として築かれた人類の歴史のなかで、幾千億の先達《せんだつ》たちの英知と努力によって、未知が究明され、人類の進歩がもたらされ、大きく文化として蓄積されてきました。にもかかわらず現代は、核戦争による人類絶滅の危機、貧富の差をはじめとするさまざまな人間的不平等、社会と科学の発展が一方においてもたらした環境の破壊、エネルギーや食糧問題の不安等々、来るべき二十一世紀を前にして、解決を迫られているたくさんの大きな課題がひしめいています。現実の世界はきわめて厳しく、人類の平和と発展のためには、きみたちの新しい英知と真摯《しんし》な努力が切実に必要とされています。

きみたちの前途には、こうした人類の明日の運命が託されています。ですから、たとえば現在の学校で生じているささいな「学力」の差、あるいは家庭環境などによる条件の違いにとらわれて、自分の将来を見限ったりはしないでほしいと思います。個々人の能力とか才能は、いつどこで開花するか計り知れないものがありますし、努力と鍛錬の積み重ねの上にこそ切り開かれるものですから、簡単に可能性を放棄したり、容易に「現実」と妥協したりすることのないようにと願っています。

わたしたちは、これから人生を歩むきみたちが、生きることのほんとうの意味を問い、大きく明日をひらくことを心から期待して、ここに新たに岩波ジュニア新書を創刊します。現実に立ち向かうために必要とする知性、豊かな感性と想像力を、きみたちが自らのなかに育てるのに役立ててもらえるよう、すぐれた執筆者による適切な話題を、豊富な写真や挿絵とともに書き下ろしで提供します。若い世代の良き話し相手として、このシリーズを注目してください。わたしたちもまた、きみたちの明日に刮目《かつもく》しています。（一九七九年六月）